经济管理
与财政税收的实践研究

赵 靓 陈孟秋 周子翔 ◎ 著

哈尔滨出版社
HARBIN PUBLISHING HOUSE

图书在版编目（CIP）数据

经济管理与财政税收的实践研究／赵靓，陈孟秋，
周子翔著. -- 哈尔滨：哈尔滨出版社，2025.1
ISBN 978-7-5484-7825-6

Ⅰ.①经… Ⅱ.①赵… ②陈… ③周… Ⅲ.①经济管
理-研究②财政管理-研究③税收管理-研究 Ⅳ.
①F2②F81

中国国家版本馆 CIP 数据核字（2024）第 070410 号

书　　名：**经济管理与财政税收的实践研究**
JINGJI GUANLI YU CAIZHENG SHUISHOU DE SHIJIAN YANJIU

作　　者：赵　靓　陈孟秋　周子翔　著
责任编辑：李金秋

出版发行：哈尔滨出版社（Harbin Publishing House）
社　　址：哈尔滨市香坊区泰山路 82-9 号　邮编：150090
经　　销：全国新华书店
印　　刷：北京虎彩文化传播有限公司
网　　址：www.hrbcbs.com
E - mail：hrbcbs@ yeah. net
编辑版权热线：（0451）87900271　87900272
销售热线：（0451）87900202　87900203

开　　本：787mm×1092mm　1/16　印张：11　字数：192 千字
版　　次：2025 年 1 月第 1 版
印　　次：2025 年 1 月第 1 次印刷
书　　号：ISBN 978-7-5484-7825-6
定　　价：58.00 元

凡购本社图书发现印装错误，请与本社印制部联系调换。

服务热线：（0451）87900279

前　　言

　　经济管理与财政税收的实践研究是一项具有重要意义的课题。随着社会经济的发展,经济管理在国家治理体系中发挥着越来越重要的作用,而财政税收作为国家治理的基础,其管理水平的提升对于国家经济的发展和社会的稳定具有深远的影响。经济管理的实践研究涉及如何运用经济政策、市场机制等手段,实现资源的优化配置,促进经济的可持续发展。在此过程中,既需要深入了解市场规律,把握经济发展的趋势,制定出符合实际情况的经济政策。也需要市场调研,了解市场供求状况、竞争状况以及潜在的风险因素,以便及时调整经济政策。经济管理与财政税收的实践研究是一项长期而复杂的工作,需要不断探索、实践、总结,以实现经济社会的可持续发展和国家治理体系的现代化。

　　本书内容共分为八章,第一章介绍经济管理的概念、特点及基本理论,并分析现代经济管理的发展趋势。第二章阐述财政税收的概念、内容以及常用指标。第三章分析经济管理与财政税收的关系,分析财政税收对经济管理的影响,明晰二者之间存在的相互关系。第四章分析财政管理改革与实践,包括预算管理、国库管理制度、税收征管制度的改革与实践。第五章探讨个人所得税、企业所得税以及其他税种的改革与创新,同时对财政税收风险及风险等级的评估方式,并着重阐明不同的风险的管理方式。第六章对财政税收存在风险的识别、评估、控制、化解进行分析,并以此为基础建立健全相关管理制度,从而更好地预防风险。第七章介绍了社会保障制度的内涵以及发展趋势,同时,还详细阐述社会保险基金的投资与管理方式。第八章重点探讨了数字技术与财政税收信息化发展方面的内容。

　　本书深入探讨了经济管理和财政税收的内在联系及其在实际操作中的具体运用,适合政府工作人员、企业管理者,以及相关领域的学者和研究人员阅读使用。由于作者的学识水平有限,本书难免存在疏漏之处,敬请广大读者批评指正。

目　　录

第一章 经济管理概述

第一节 经济管理的概念和特点

一、经济管理的概念

经济管理是指对经济活动进行组织、计划、协调和控制的一系列管理活动和方法。它涉及对资源的有效配置、决策的制定和执行,以实现组织的经济目标和利益最大化。经济管理的范畴非常广泛,包括但不限于以下几方面:

(一)组织管理

组织管理,是一个广泛而复杂的领域,它涉及如何有效地组织、协调、指挥和控制一个团队或组织。组织管理的主要目标是确保组织的运行效率,提高生产力,并确保所有成员都能发挥其最大的潜力。首先,组织管理涉及对资源的有效分配和管理。这包括人力资源、物质资源、时间资源和空间资源的分配。通过合理地分配这些资源,组织可以确保每个成员都能得到他们所需的东西,以最大限度地发挥他们的能力。其次,组织管理还涉及如何建立和维持一个有效的沟通渠道。在一个组织中,信息的流动和共享是至关重要的。有效的沟通可以确保所有成员都能了解组织的整体目标,并知道他们如何为这些目标做出贡献。同时,良好的沟通也有助于解决可能出现的问题和冲突。此外,组织管理还包括对组织文化的塑造和维护。一个积极的组织文化可以增强员工的归属感,提高他们的士气,并促进组织的整体成功。通过培养共同的价值观和目标,组织可以建立一个更加团结和有凝聚力的团队。最后,组织管理还包括对组织的长期规划和发展。一个有效的组织管理策略应该考虑到组织的长期目标和愿景,并确保组织的可持续发展。这可能涉及人力资源的开发、技术的更新、组织的扩张或重组等方面。

组织管理是一个涉及多个方面的复杂领域。它需要管理者具备敏锐的洞察力、良好的沟通技巧、决策能力和领导力。通过有效的组织管理,一个团队或组织可以更好地实现其目标,提高其整体绩效,并为其成员创造一个更加积极和有成就感的工作环境。

(二)财务管理

财务管理是指对企业财务活动进行计划、组织、协调、控制等一系列管理工作的总称。其主要目的是确保企业财务状况的稳定,实现企业财务目标的最大化,并为企业的发展提供有力的财务支持。财务管理涵盖了企业财务活动的方方面面,包括资金筹集、资金运用、成本控制、收益分配等。它涉及企业的财务决策、财务计划、财务控制和财务监督等多个环节,是一个综合性的、系统性的管理工作。在当今经济形势下,财务管理的重要性愈发凸显。企业要想在激烈的市场竞争中立于不败之地,必须重视财务管理,建立科学的财务管理体系,提高财务管理水平,以应对各种财务风险和挑战。同时,财务管理人员也需要不断学习新知识,提高自身素质,以更好地服务于企业财务管理工作。

(三)市场营销管理

市场营销管理,简单来说,就是企业为实现企业营销目标而进行的营销战略和营销活动的实施和管理。它涉及对市场的研究、营销策略的制定、实施和控制。市场营销管理的核心是满足客户需求,实现企业价值。

1. 市场营销管理的基础是市场研究

企业需要了解市场趋势、消费者需求、竞争状况等信息,以便更好地把握市场机会,制定有效的营销策略。市场研究的方法包括问卷调查、数据分析、竞品分析等,企业可以根据实际情况选择合适的方法。

2. 市场营销管理的关键是制定有效的营销策略

企业需要根据市场研究和自身情况,制定出符合企业战略目标的营销策略。这包括产品策略(如产品定价、产品包装、产品宣传等)、渠道策略(如销售渠道、销售方式等)、促销策略(如广告、公关、促销活动等)以及客户关系管理策略等。在实施营销策略的过程中,市场营销管理还需要关注营销活动的执行和监控。企业需要确保营销活动的顺利进行,同时对活动效果进行评估和反馈,以便及时调整策略。此外,企业还需要关注法律法规和道德规范,避免违法违规行为。市场营销管理的最终目标是实现企业营销目标,即通过满足客户需求,实现企业价值最大化。为了实现这一目标,企业需要不断调整和优化市场营销策略,以适应不断变化的市场环境。同时,市场营销管理还需要注重团队合作和人才培养,以提高企业的整体营销能力和竞争力。

市场营销管理是一个复杂而关键的领域,它需要企业不断研究市场、制定有效的营销策略、执行和监控营销活动,并注重团队合作和人才培养。

(四)人力资源管理

人力资源管理是指对一个组织或企业的人力资源进行规划、开发、利用的过程,以达到组织的目标和利益。它涉及招聘、选拔、培训、薪酬、绩效评估等多个方面,是企业管理的重要组成部分。人力资源管理的主要目标是提高员工的绩效,同时维护员工的权益和福利。它通过一系列的策略和措施,如招聘选拔、培训发展、绩效评估、薪酬福利等,来吸引、保留和激励优秀的人才,以满足组织在各个方面的需求。人力资源管理是一个复杂而关键的领域,它需要专业的知识和技能。它涉及心理学、管理学、组织行为学等多个学科,需要管理者具备敏锐的洞察力和良好的沟通能力。在当今竞争激烈的市场环境中,人力资源管理的重要性日益凸显。一个成功的企业不仅需要优秀的产品和服务,更需要一支高素质、高效率的员工队伍。因此,企业必须重视人力资源管理,不断优化和完善人力资源管理体系,以适应不断变化的市场环境。人力资源管理是企业成功的关键之一,它需要管理者具备全面的知识和技能,以实现企业的战略目标。

(五)战略管理

战略管理是一种系统性的管理方法,旨在帮助组织制定并实施长期目标,以实现其长期成功和可持续发展。它是一种涉及多个方面的复杂过程,包括战略制定、战略实施和战略评估等。

战略制定是战略管理过程中的第一步,它涉及对组织内外环境的全面分析,以确定组织的优势、劣势、机会和威胁。这包括对市场、竞争对手、技术、政策、法律和社会因素的评估。通过这种分析,组织可以确定其独特的使命和价值观,以及关键的成功因素。

战略实施是战略管理过程中的第二步,它涉及将制定的战略转化为实际行动。这需要组织内的各个部门和团队密切合作,以实现共同的目标。在此过程中,组织可能需要调整其资源和流程,以适应新的战略方向。

战略评估是战略管理的第三步,它涉及定期评估战略的有效性和适应性。这包括对组织业绩的评估,以及对外部环境变化的监测。如果发现战略不再适应新的环境或业绩未达到预期,组织可能需要重新审视并调整战略。战略管理是一个持续的过程,它需要组织不断地评估和调整其战略,以适应不断变化的环境和满足不断变化的需求。通过这种方法,组织可以提高其竞争力和绩效,实现长期的成功和可持续发展。

（六）创新与科技管理

创新与科技管理,这两个概念在当今社会中占据着重要的地位。创新是推动社会进步的重要驱动力,而科技管理则是实现这一驱动力的关键手段。首先,我们来谈谈创新。创新是指通过引入新的元素、思想或方法,对现有的事物或过程进行改进或替代,以实现更好的效果或价值。创新可以是产品、服务、流程、制度等方面的创新。创新的过程通常包括发现问题、提出解决方案、实施方案、评估效果等步骤。创新需要具备敏锐的洞察力、敢于尝试的勇气和持续学习的精神。其次,我们再来看科技管理。科技管理是指通过科学的方法和手段,对科技资源进行规划、组织、协调和控制,以达到科技发展的目标。科技管理包括对科技资源的配置、科技政策的制定和实施、科技项目的评估和决策等方面的管理。科技管理需要具备丰富的科技知识、良好的组织协调能力、敏锐的洞察力和决策能力。将创新与科技管理相结合,我们可以看到它们之间的密切关系。创新是科技管理的核心动力,而科技管理则是实现创新的重要手段。通过科技管理,我们可以更好地配置科技资源,制定合理的科技政策,推动科技创新的发展,从而推动社会的进步和发展。创新与科技管理是相辅相成的。只有将它们结合起来,才能更好地推动社会的进步和发展。因此,我们需要重视创新和科技管理的重要性,加强科技创新和科技管理的投入和人才培养,以实现更好的社会效益和经济效益。

二、经济管理的特点

（一）诱导性

经济管理的方法和手段是企业管理中非常重要的部分,它们的使用通常具有诱导性。这意味着,我们不能像对待机器一样对待员工,而应该通过激励和引导的方式来促使他们采取特定的行动或决策。了解员工的动机和需求。员工不仅仅是为了工作而工作,也有自己的生活和目标。因此,了解他们的需求和期望可以帮助我们更好地激励他们,使他们感到被尊重和理解。其次,我们可以通过提供适当的奖励和激励来促使员工采取特定的行动或决策。奖励可以是物质上的,如奖金或福利,也可以是精神上的,如赞誉或晋升机会。这些奖励可以激励员工更加努力地工作,并采取我们期望的行动。此外,我们还可以通过提供培训和教育来引导员工采取正确的决策。培训和教育可以帮助员工提高他们的技能和能力,使他们能够更好地应对工作中的挑战和机遇。通过这种方式,我们可以帮助员工发展自己的职业道路,并提高他们的满意度和忠诚度。然而,虽然激励和引导是重要的,但我们也必须避免过度依赖这些方法。强制执行可能会破坏员工的积极性和创造力,并可能导致员工感到沮丧和失望。因此,我们应该始终保持与员工的沟通和合作,以便更好地了解他们的需求和期望,并制定出更加有效的方法来管理他们的工作表现。经济管理的方法和手段具有诱导性,我们应该通过激励和引导的方式来促使员工采取特定的行动或决策。这需要我们了解员工的需求和期望,并提供适当的奖励和培训来帮助他们发展自己的职业道路。同时,我们也必须避免过度依赖强制执行的方法,并保持与员工的沟通和合作。

(二)间接性

随着经济全球化的不断推进,经济管理在现代社会中的重要性日益凸显。然而,经济管理往往不直接作用于目标,而是通过影响被管理者的思想、观念和行为方式来实现管理目标。首先,经济管理需要关注被管理者的思想。思想是行为的先导,只有当被管理者对管理者的理念、目标和管理方式有深入理解和认同,才能形成良好的合作氛围。因此,管理者需要运用各种手段和方法,如宣传、教育、培训等,来引导被管理者形成正确的思想观念,从而更好地适应和接受管理者的管理方式。其次,经济管理还需要关注被管理者的观念。观念是人们对于事物的认识和看法,它对于人们的行为具有重要影响。管理者需要通过对被管理者进行教育和培训,帮助他们树立正确的价值观、道德观和职业观,从而更好地适应社会和市场的发展变化。同时,管理者还需要关注被管理者的心理状态,及时进行心理疏导和干预,帮助他们保持良好的心态和情绪,从而更好地投入到工作中。最后,经济管理还需要关注被管理者的行为方式。行为方式是人们在实际工作中所表现出来的行为模式和习惯,它对于工作效率和质量具有重要影响。管理者需要通过对被管理者进行激励和约束,帮助他们形成良好的工作习惯和行为规范,从而更好地实现管理目标。同时,管理者还需要关注被管理者的职业发展,为他们提供更多的培训和发展机会,帮助他们实现个人价值和社会价值的双重提升。经济管理需要关注被管理者的思想、观念和行为方式,通过多种手段和方法来实现管理目标。在未来的发展中,经济管理需要更加注重以人为本的理念,关注被管理者的全面发展,从而更好地适应社会和市场的发展变化。同时,管理者还需要不断探索和创新管理手段和方法,增强管理的科学性和有效性,从而更好地实现管理目标。

(三)灵活性

随着经济全球化的不断深入,经济管理的方法和手段也在不断地发展和演变。根据用户输入的内容,我们可以发现经济管理的方法和手段可以根据不同的情境和目标灵活地调整,以适应不同的管理需求。明确经济管理的目标。不同的组织或企业有着不同的目标,这些目标可能包括提高生产效率、降低成本、增加收入、提高员工满意度、增强企业竞争力等。为了实现这些目标,我们需要采取不同的经济管理手段和方法。例如,对于生产效率的提高,我们可以采用精益生产、六西格玛等管理方法;对于成本的降低,我们可以采用全面预算管理、成本控制等手段;对于收入的增加,采用市场开发、产品创新等策略。

考虑经济管理的环境因素。环境因素包括组织或企业的内部环境和外部环境。内部环境包括组织或企业的文化、员工素质、组织结构等,这些因素都会影响经济管理的效果。例如,如果组织或企业的文化强调个人主义和竞争,那么我们可能需要采取更加灵活的管理方法,如团队管理、员工激励等。而外部环境则包括市场环境、政策法规、技术发展等,这些因素也会对经济管理产生影响。例如,如果市场环境变化迅速,我们可能需要采用敏捷管理的方法,以适应市场的变化。

此外,考虑经济管理的技术手段。随着信息技术的不断发展,经济管理已经从传统的手工管理转向了数字化管理。例如,我们可以使用大数据分析、人工智能等技术手段来提高经济管理的效率和准确性。同时,我们也需要考虑到网络安全和数据保护的问题,以确保经济管理的安全性和可靠性。经济管理的灵活性和适应性是实现有效管理的重要因素。我们需要根据不同的情境和目标灵活地进行调整,以适应不同的管理需求。同时,我们也需要考虑到环境因素和技术手段的影响,以确保经济管理的有效性和可靠性。在未来的经济管理实践中,我们需要不断地探索和创新,以适应不断变化的市场和经济环境。

(四)平等性

在经济管理的实践中,平等原则的重要性不容忽视。它不仅要求我们在处理各种经济事务时,对待所有参与者要一视同仁,而且更进一步地,它要求我们尊重每一个被管理者的权利和尊严,避免任何形式的不公平对待或歧视。平等原则不仅符合现代社会的公平正义理念,也是实现经济管理效能的重要基础。被管理者的权益得到尊重,他们的积极性和创造性才能被充分地调动起来,经济管理才能真正发挥其应有的作用。反之,如果因为某些原因导致被管理者受到不公平的待遇,不仅会影响他们的积极性和创造性,还可能引发不满和抵触情绪,给经济管理工作带来极大的困扰。平等原则在经济管理中并不仅仅是一个道德要求,也是一个有效的管理工具。通过平等对待所有参与者,我们可以建立一种公平、公正的环境,这种环境有利于激发员工的积极性和创造力,提高他们的满意度和忠诚度。同时,这种环境也有利于吸引更多的优秀人才,提升企业的竞争力和发展潜力。然而,在实践中,仍面临着许多挑战。例如,如何确保经济管理的公平性,如何识别和处理不公平对待的情况,如何确保所有参与者都受到平等的待遇等。不断完善和优化管理制度和方法,提高管理水平。经济管理中的平等原则是至关重要的。它不仅是一个道德要求,也是一个有效的管理工具。只有真正尊重每一个被管理者的权利和尊严,避免任何形式的不公平对待或歧视,才能建立一个公平、公正的经济环境,才能真正发挥经济管理的效能,推动经济社会的健康发展。

(五)规范性

随着时代的不断进步,经济也逐渐朝着全球化的方向前行,经济管理在各个领域的重要性日益凸显。经济管理通常有一定的规范和标准,要求被管理者按照规定的程序和标准进行操作和管理,以确保管理的有效性和一致性。这些规范和标准不仅有助于提高管理效率,还有助于减少管理成本,提高企业的竞争力。在经济管理领域,管理者需要遵循一系列的规则和程序,以确保管理的规范性和一致性。这些规则和程序通常是由专业机构或政府部门制定的,具有一定的权威性和约束力。管理者需要认真学习和遵守这些规则和程序,以确保管理的正确性和有效性。在经济管理过程中,管理者需要关注各种经济指标和数据,以便做出正确的决策和管理。这些经济指标和数据包括但不限于市场价格、生产成本、销售收入、利润率等。通过对这些指标和数据的分析,管理者可以了解市场的变化趋势和企业的运营状况,从而制定出更加科学合理的决策和管理方案。为了确保管理的有效性和一致性,经济管理需要注重团队合作和沟通。在团队中,成员之间的合作和沟通是至关重要的。通过有效的沟通和协作,管理者可以更好地理解彼此的意图和需求,从而达成共识并实现共同的目标。此外,管理者还需要注重员工培训和发展,以提高员工的素质和能力,从而更好地满足管理的需求。在经济管理实践中,管理者还需要注重风险管理和内部控制。风险管理是确保企业稳健发展的重要保障,管理者需要识别和评估各种潜在风险,并采取相应的措施来降低风险的影响。内部控制则是确保管理流程的规范性和有效性,管理者需要建立完善的内部控制体系,并确保其得到有效执行。为了实现这一目标,管理者需要注重团队合作和沟通、员工培训和发展、风险管理和内部控制等方面的工作。只有这样,才能不断提高企业的竞争力和市场地位,实现可持续发展。

第二节　现代经济管理的基本理论

一、现代经济管理的背景和意义

(一)现代经济管理的背景

在现代社会中,经济管理的背景正在发生深刻的变化。随着全球化的不断推进,各国之间的经济联系日益紧密,这使得经济管理面临着前所未有的挑战。此外,科技的快速发展也给经济管理带来了新的机遇和挑战。在这个背景下,企业需要不断适应市场变化,调整自己的经营策略,以保持竞争力。一方面,全球经济一体化的趋势使得企业需要面对更加复杂多变的市场环境。不同国家之间的经济差异和政策差异都可能对企业的运营产生影响。企业需要具备全球视野,了解不同市场的需求和规则,以便更好地进行资源配置和风险管理。另一方面,科技的发展也为经济管理带来了新的工具和方法。大数据、人工智能、区块链等技术手段的应用,可以帮助企业提高效率、降低成本、优化决策,从而在激烈的市场竞争中获得优势。然而,科技的发展也带来了一些新的挑战。例如,数据安全和隐私保护问题成为企业必须面对的难题。在数字化时代,企业的运营数据和客户信息都面临着被泄露的风险。因此,企业需要建立完善的数据保护机制,确保信息的保密性和完整性。此外,随着市场竞争的加剧,企业还需要不断创新,提高自己的核心竞争力,以应对不断变化的市场需求和消费者偏好。现代经济管理的背景是一个充满挑战和机遇的时代,同时,企业还需要关注科技的发展,利用新技术手段提高效率、降低成本、优化决策。只有这样,企业才能在激烈的市场竞争中立于不败之地。

(二)现代经济管理的意义

随着社会经济的发展,经济管理在现代企业管理中扮演着越来越重要的角色。它不仅涉及企业的经济效益,还关系着企业的生存和发展。本书将从多个方面阐述现代经济管理的意义,并探讨如何更好地发挥其作用。首先,现代经济管理有助于提高企业的经济效益。在市场经济环境下,企业之间的竞争日益激烈。要想在竞争中立于不败之地,企业必须采取有效的措施,提高生产效率和管理水平。而经济管理正是实现这一目标的重要手段之一。通过制定科学合理的经济管理制度,优化资源配置,降低成本,提高产品质量,企业可以获得更高的经济效益。其次,现代经济管理有助于增强企业的核心竞争力。在市场竞争中,核心竞争力是企业取得竞争优势的关键。经济管理作为企业管理的重要组成部分,可以帮助企业提高核心竞争力。通过优化组织结构,提高员工素质,加强企业文化建设等措施,企业可以提高员工的工作积极性和创新能力,从而增强企业的核心竞争力。此外,现代经济管理有助于促进企业的可持续发展。随着环保意识的增强,越来越多的企业开始关注可持续发展问题。经济管理可以帮助企业实现可持续发展目标。通过采用环保技术,加强资源循环利用,降低环境污染等措施,企业可以树立良好的社会形象,提高企业的社会责任感和声誉,从而为企业的可持续发展创造有利条件。现代经济管理的意义重大。为了更好地发挥其作用,企业应该加强经济管理的制度建设,优化资源配置,提高管理水平和效率。同时,企业还应该注重人才培养和企业文化建设,提高员工的综合素质和创新能力,为企业的可持续发展奠定坚实的基础。注意到现代经济管理的复杂性和多样性。随着经济的发展和市场的变化,经济管理的方法和手段也在不断更新和完善。因此,企业应该根据实际情况,不断探索和创新经济管理的模式和方法,以适应市场变化和满足客户需求。

二、西方经济管理理论概述

(一)古典管理理论

1. 泰罗的科学管理

泰罗的科学管理是一种系统化的管理理论,旨在提高生产效率和员工的工作满意度。该理论的核心思想是通过对工作流程的细致分析,找出最有效的工作方法和最佳实践,并制定出合理的规章制度和奖励机制,以确保员工能够充分发挥自己的能力和潜力。

首先,泰罗的科学管理理论强调了细致的工作分析。通过对每个岗位的工作流程、任务量和难度进行深入了解,泰罗发现了一些可以提高生产效率的关键因素。例如,通过调整工作流程中的某些环节,可以减少员工的工作负担,提高工作效率。此外,泰罗还提出了"动作研究",通过对员工的操作进行细致的观察和分析,找出最省力、最有效的工作姿势和动作,从而减少员工的疲劳和错误率。这些方法的应用,不仅可以提高生产效率,还可以提高员工的工作满意度和忠诚度。其次,泰罗的科学管理理论强调了规章制度的合理性和公平性。在泰罗看来,合理的规章制度不仅可以规范员工的行为,还可以激励员工的工作热情。因此,他提出了"标准化的劳动过程"和"公平的奖励机制",以确保员工能够得到公正的待遇和合理的回报。这些规章制度的实施,不仅可以提高生产效率,还可以提升员工对企业的信任度和忠诚度。最后,泰罗的科学管理理论强调了团队合作的重要性。在泰罗看来,员工不是孤立存在的,而是企业整体运作的重要组成部分。因此,他提倡通过团队合作的方式,实现资源的优化配置和生产效率的提高。这种团队合作的理念,不仅可以增强员工的归属感和凝聚力,还可以提高企业的整体竞争力和市场地位。泰罗的科学管理理论是一种系统化的管理思想和方法论,它强调了细致的工作分析、合理规章制度的制定和团队合作的重要性。在现代企业管理中,泰罗的科学管理理论仍然具有重要的指导意义和实践价值。因此,我们可以将泰罗的科学管理理论应用于现代企业管理中,以提高企业的整体竞争力和市场地位。同时,我们也可以借鉴泰罗的科学管理理论中的一些方法和技术,如动作研究、标准化劳动过程等,以提高员工的工作效率和生产质量。此外,我们还可以通过培训和教育等方式,提高员工的综合素质和能力水平,以更好地适应现代企业的竞争和发展需要。

2. 法约尔的一般管理理论

法约尔的一般管理理论是一种重要的管理理论,它强调了管理的五大职能和十四条原则。这些原则包括劳动分工、权力与职责、纪律、统一指挥、统一标准、集中、控制、人员报酬、团结、创新、汇报制度、决策、灵活性、纪律教育以及公正。首先,劳动分工是管理的基本原则之一,它意味着工作应该被划分为更小的任务和职责,每个任务和职责都应该由专门的人员负责。这样可以提高工作效率,减少错误和浪费,也可以使管理者更好地控制和协调整个组织的工作。其次,权力与职责是管理中的另一个重要原则。它意味着管理者应该拥有必要的权力来指挥和控制组织中的其他成员。同时,管理者也应该承担相应的责任,为组织的结果负责。这种权力与职责的关系是组织成功运行的基础。纪律是管理的第三个原则,它意味着组织中的成员必须遵守组织的规则和程序。纪律教育是维持组织秩序和实现组织目标的重要手段。通过纪律教育,组织成员可以了解组织的规则和程序的重要性,并自觉遵守它们。统一指挥是管理中的另一个原则,它意味着管理者应该只使用一个统一的指挥系统来传达命令和指示。这样可以确保组织中的成员都按照同一个标准来执行任务,避免出现混乱和冲突。

3. 韦伯的官僚制理论

韦伯的官僚制理论是现代组织理论的重要组成部分,它为我们理解现代社会的组织结构和运作方式提供了重要的视角。官僚制理论的核心概念是"科层制",即一种以层级结构为基础,以规则、规章和程序为准则,以专业化、标准化和制度化为特征的组织形式。韦伯认为,官僚制是现代社会不可避免的组织形式,它具有许多优点,如稳定性、可预测性和可重复性,以及高度的专业化和标准化。官僚制能够使组织内部的决策和行动更加精确和有效,从而提高组织的效率。此外,官僚制还能够使组织内部的权力关系得到明确和合理的安排,从而减少内部冲突和矛盾。然而,韦伯的官僚制理论也存在着一些局限性。首先,官僚制过于强调规则和规章,可能导致组织内部的决策和行动缺乏灵活性和创新性。其次,官僚制过于强调专业化、标准化和制度化,可能导致组织内部的成员缺乏自主性和创造性。此外,官僚制还存在着一些潜在的问题,如权力集中、腐败和官僚主义等。为了克服这些局限性,我们可以从以下几个方面进行改进:建立更加灵活和创新的规则和规章体系,以适应不断变化的环境和需求;鼓励组织内部的成员发挥自主性和创造性,以提高组织的灵活性和适应性。此外,加强组织内部的监督和反馈机制,以减少腐败和官僚主义等问题。我们需要认识到官僚制的优点和局限性,并采取相应的措施进行改进。只有这样,我们才能更好地适应不断变化的环境和需求,提高组织的效率和灵活性。

(二)行为科学理论

1. 马斯洛的需求层次理论

马斯洛的需求层次理论是一种心理学理论,由美国心理学家亚伯拉罕·马斯洛提出。该理论将人类需求分为五个层次,从低到高依次为生理需求、安全需求、社交需求、尊重需求和自我实现需求。首先,生理需求是人类最基本的需求,包括食物、水、空气、睡眠等。如果这些需求得不到满足,人类将无法生存。因此,企业在进行产品设计时,必须考虑产品的实用性和舒适性,以满足消费者的生理需求。其次,安全需求是人类对安全和稳定的需求,包括对财产安全、健康保障、工作稳定等方面的需求。在现代社会,随着人们生活水平的提高,人们对安全的需求也日益增强。因此,企业应注重产品的质量和安全性能,以赢得消费者的信任。最后,社交需求是人类对人际交往的需求,包括对友谊、家庭、爱情等方面的需求。在现代社会,人们越来越重视社交网络和社交媒体的应用,通过社交平台与他人交流、分享生活和情感。因此,企业应注重产品的社交功能,提供更加便捷的社交体验。

2. 赫茨伯格的双因素理论

赫茨伯格的双因素理论是一种心理学理论,它认为激励和满足感来自两个不同的因素。这两个因素被称为"激励因素"和"保健因素"。首先,我们来了解一下赫茨伯格的双因素理论中的"激励因素"。这些因素包括工作本身、认可、成就感和工作环境等。当这些因素得到满足时,员工会感到满意并产生积极的情绪,从而激励他们更加努力地工作。例如,如果员工感到自己的工作得到了认可和赞赏,他们会更加投入,提高工作效率和质量。其次,双因素理论中的"保健因素"。这些因素通常与工作环境、条件和政策等有关。当这些因素得到改善时,员工的不满意感可能会减少。然而,如果这些因素没有得到改善,员工的不满意感可能会增加。例如,如果员工感到工作场所的环境不够舒适,政策不够公平,他们可能会感到不满。基于赫茨伯格的双因素理论,我们以为:赫茨伯格的双因素理论对于理解员工的激励和满足感具有重要意义。工作本身、认可、成就感和工作环境等激励因素能够激发员工的积极性和工作热情,从而提高工作效率和质量。而工作环境、政策等保健因素则能够改善员工的不满感,降低员工流失率。在实际工作中,管理者应该关注员工的激励因素,同时改善保健因素,创造一个良好的工作环境和政策,以提高员工的满意度和忠诚度。此外,双因素理论还强调了激励和保健因素的相互作用。当激励因素得到满足时,保健因素的作用可能会减弱;反之亦然。因此,管理者应该灵活运用双因素理论,根据不同员工的需求和工作环境的变化,调整激励和保健因素的策略,以达到最佳的管理效果。

(三)现代管理理论

1. 系统理论

随着全球经济一体化的不断深入,经济管理的重要性日益凸显。传统的经济管理理论主要关注生产、销售、财务等具体环节,而现代的系统理论则将经济管理视为一个复杂的系统,需要从整体上加以把握。本书将探讨经济管理的系统理论,并阐述其对于现代经济管理的重要性。经济管理的系统理论强调,经济管理是一个相互关联、相互影响的整体。它涉及企业内部的各个部门、各个层次的人员,以及企业外部的各种环境因素。这个系统具有动态性、复杂性和不确定性等特点,需要我们运用系统思维,从整体上把握和优化管理。在这样一个系统中,人力资源管理是至关重要的。员工是企业的核心资源,他们的素质、态度和行为直接影响企业的绩效和竞争力。因此,系统理论要求我们关注员工的招聘、培训、激励和考核等各个环节,以实现人力资源的最优配置。此外,供应链管理也是系统理论的重要组成部分,它涉及供应商、制造商、分销商等多个环节,需要我们优化资源配置,提高供应链的效率和稳定性。除了内部管理,经济管理的系统理论还强调企业与外部环境的互动和协调。市场环境、政策法规、技术进步等因素都会对企业的生存和发展产生重大影响。因此,系统理论要求我们关注外部环境的变化,及时调整战略和管理策略,以适应不断变化的市场需求。在实践中,经济管理的系统理论也得到了广泛的应用。许多大型企业和跨国公司都建立了完善的经济管理信息系统,通过数据分析和模型预测,实现管理的科学化和精细化。此外,系统理论还推动了管理创新和变革,为企业管理者提供了更加全面和前瞻性的视角,帮助他们应对日益复杂和多变的市场环境。

2. 战略管理理论

经济管理的战略管理理论,是一种以全局性和长远性为特征的管理理念和方法。它强调企业应该从整体出发,通过制定和实施一系列战略,来优化资源配置、提高核心竞争力,从而实现企业的长期稳定发展。首先,战略管理理论强调了企业战略的制定和实施需要综合考虑各种内外部因素。例如,市场环境、竞争对手、客户需求、企业内部资源等。这些因素的变化和发展趋势都需要进行深入的分析和研究,以便企业能够及时调整战略,适应市场变化。其次,战略管理理论强调了企业战略的实施需要注重协调性和一致性。企业各部门和员工需要围绕战略目标,形成一致的行动方向和价值观,以确保资源的有效利用和企业的整体发展。同时,企业还需要注重与外部利益相关者的协调,如供应商、客户、政府等,以建立良好的合作关系,促进企业的可持续发展。最后,战略管理理论强调了企业战略的评估和调整需要贯穿整个管理过程。企业需要根据市场变化、内部运营情况等因素,定期评估战略实施的效果,及时发现问题并进行调整。同时,企业还需要注重战略的创新和升级,以适应不断变化的市场环境和技术发展。在实际应用中,经济管理的战略管理理论已经得到了广泛的应用。许多企业通过制定和实施战略,成功地提高了自身的竞争力和市场地位。例如,一些企业通过制定并实施差异化战略、成本领先战略、多元化战略等不同类型的企业战略,实现了企业的快速发展和转型。

三、中国现代经济管理理论的发展

(一) 中国特色社会主义经济管理理论

1. 国有经济与民营经济协调发展

随着经济的发展,国有经济和民营经济在国民经济中的地位和作用越来越重要。国有经济是我国经济发展的重要支柱,它代表着国家对经济的控制力,是保障国家安全、维护社会稳定、推动经济发展的重要力量。然而,随着经济的发展,国有经济面临着一些问题,如效率低下、创新能力不足等。这些问题不仅影响了国有经济的效率,也制约了其服务经济发展的能力。因此,必须采取措施,提高国有经济的效率和创新力,使其更好地服务于经济发展。同时,民营经济是我国经济发展的重要组成部分,它代表着广大人民群众的利益,是推动经济发展的重要力量。然而,民营经济也面临着一些问题,如融资难、市场准入限制等。这些问题不仅影响了民营经济的活力,也制约了其发展壮大。因此,必须采取措施,解决这些问题,为民营经济的发展创造更好的环境。为了实现国有经济与民营经济的协调发展,必须加强政策引导和支持。政策是促进经济发展的重要手段,通过制定有利于国有经济与民营经济共同发展的政策,可以促进两者的合作和交流。同时,必须加强市场监管,规范市场秩序,防止市场垄断和不正当竞争行为的发生。市场监管是维护市场公平竞争的基础,只有规范市场秩序,才能促进市场的健康发展。此外,必须加强人才培养和引进,提高民营经济的素质和能力。人才是经济发展的重要支撑,只有加强人才培养和引进,才能为民营经济的发展提供更好的人才保障。国有经济与民营经济协调发展是实现经济可持续发展的重要途径。只有通过政策引导、市场监管、人才培养等措施的综合运用,才能促进国有经济与民营经济的协调发展,推动我国经济的健康发展。在这个过程中,需要政府、企业和社会各方面的共同努力,形成合力,才能实现经济的可持续发展。

2. 增值税税率下调、融资约束与企业全要素生产率

近年来,国家税务总局发布公告,将进一步降低增值税税率,这一举措无疑将对各行各业产生深远影响。在制造业、服务业等众多领域,增值税税率的下调无疑将为企业带来更多的利润空间,进一步激发市场活力。然而,增值税税率的下调并非孤立的现象。在全球经济环境日益复杂的背景下,融资约束

问题也日益凸显。许多企业在寻求资金支持时,往往面临诸多困难。一方面,由于经济下行压力加大,银行等金融机构的放贷门槛提高,使得企业融资难度加大;另一方面,由于缺乏有效的担保和抵押,许多中小企业难以获得足够的融资支持。在这样的背景下,增值税税率下调和融资约束问题交织在一起,对企业全要素生产率产生了影响。全要素生产率是衡量企业综合生产效益的重要指标,它反映了企业在技术、管理、组织等方面的创新能力和效率水平。增值税税率的下调有助于提高企业的利润空间,进而有更多的资金用于研发、技术升级和管理优化,从而提高全要素生产率。然而,融资约束问题同样不容忽视。融资渠道的狭窄和融资成本的上升,无疑会制约企业的创新能力和发展潜力。因此,企业应积极应对这一问题。首先,企业应优化融资环境,加强与金融机构的合作,建立长期稳定的合作关系。其次,拓宽融资渠道,除了传统的银行贷款,还可以考虑股权融资、债券融资、风险投资等多种方式。此外,降低融资成本也是缓解融资约束的重要途径之一。企业可以通过提高自身的信用等级、降低负债率等方式降低融资成本。

3. 技术专家型高管与上市企业绿色创新

随着科技的飞速发展,技术专家型高管在上市企业中的地位日益凸显。他们不仅拥有丰富的技术知识和经验,而且对行业趋势有着敏锐的洞察力,能够引领企业不断创新,以适应快速变化的市场环境。在当今全球化的背景下,上市企业面临着越来越多的挑战,其中之一就是如何实现绿色创新。绿色创新是指企业在追求经济效益的同时,关注环境保护和可持续发展,通过技术创新降低对环境的影响,提高资源利用效率,从而实现经济效益和环境效益的双重提升。首先,技术专家型高管可以利用自己的技术知识,研发出更加环保、高效的产品和服务,满足市场需求。其次,他们可以通过与科研机构、高校等合作,引进先进的绿色技术,提高企业的核心竞争力。最后,他们还可以通过制定合理的绿色发展战略,引导企业各部门积极参与绿色创新,形成全员参与的良好氛围。然而,上市企业绿色创新的道路并非一帆风顺。一方面,企业需要投入大量的资金和人力资源进行研发,这可能会增加企业的成本压力。另一方面,绿色创新需要企业承担一定的风险和不确定性,如技术失败、市场接受度不高、政策法规变化等。因此,技术专家型高管需要具备敏锐的洞察力和决策能力,及时调整战略,应对各种风险和挑战。技术专家型高管在推动上市企业绿色创新方面具有举足轻重的地位和作用。他们凭借丰富的技术知识和经验,敏锐的洞察力和决策能力,以及良好的领导力,可以引领企业不断创新,实现经济效益和环境效益的双重提升。同时,他们也需要关注市场变化和政策法规的变化,及时调整战略,应对各种风险和挑战。

(二)产业匹配需求与工程师供给缺口研究

随着经济全球化的不断深入,经济管理产业在经济发展中的地位越来越重要。然而,在当前的经济发展中,我们面临着许多挑战,其中之一就是工程师供给缺口的问题。为了解决这个问题,我们需要对经济管理产业的需求进行深入的研究,并找到一种有效的解决方案。了解经济管理产业的需求。随着科技的不断发展,经济管理产业对人才的需求也在不断变化。除了传统的财务、会计、市场营销等专业人才,还需要更多的数据分析、人工智能、云计算等专业人才。这些人才需要具备较高的综合素质,能够适应快速变化的市场环境,为企业提供更好的决策支持。然而,当前我国工程师的供给却存在很大的缺口。一方面,由于教育资源的限制,许多学生没有接受到足够的专业教育;另一方面,由于就业环境的压力,许多工程师选择转行或者离开这个行业。这就导致了我国工程师的供给不足,不能满足经济管理产业的需求。为了解决这个问题,我们需要从多个方面入手。加强教育资源的投入,提高教育质量,培养更多的专业人才。优化就业环境,提高工程师的待遇和福利,吸引更多的优秀人才进入这个行业。此外,加强产学研合作,促进技术创新和人才培养的良性循环。经济管理产业匹配需求与工程师供给缺口研究是一项非常重要的任务。只有深入了解经济管理产业的需求,才能更好地解决工程师供给不足的问题。只有这样,我们才能更好地推动经济管理产业的发展,为我国的经济发展做出更大的贡献。

(三)"僵尸企业"、产业链与实体经济的债务风险传导

在当前的经济发展中,"僵尸企业"、产业链与实体经济的债务风险传导是一个备受关注的问题。"僵尸企业"是指那些由于各种原因无法正常运营,但依靠政府补贴、银行贷款等手段维持生存的企业。这些企业往往占据着大量的资源,但无法产生足够的经济效益,对整个产业链和实体经济造成了一定的影响。产业链是连接生产、流通、消费的纽带,也是经济发展的重要支撑。然而,在"僵尸企业"和债务风险传导的影响下,产业链的正常运转也受到了威

胁。一方面,"僵尸企业"占据了大量的资源,导致其他企业无法获得足够的资源支持,进而影响整个产业链的运转。另一方面,债务风险的存在也使得金融机构对产业链的投资更加谨慎,进一步限制了产业链的发展。实体经济的债务风险传导则是指债务风险从金融机构、企业主体向实体经济的其他环节扩散和传递的过程。在当前的金融环境下,由于金融市场的不完善、监管不到位等问题,债务风险很容易从金融机构和企业主体向实体经济的其他环节扩散。一旦债务风险在实体经济中扩散,将会对整个经济体系造成巨大的冲击,甚至引发严重的经济危机。为了应对"僵尸企业"、产业链与实体经济的债务风险传导问题,需要从多个方面入手。首先,政府应该加强对"僵尸企业"的清理和改革,推动其向市场化、专业化方向发展。其次,金融机构应该加强对企业的监管和风险控制,避免过度放贷和风险累积。最后,实体经济主体应该加强自身的财务管理和风险管理,避免过度负债和财务风险的出现。"僵尸企业"、产业链与实体经济的债务风险传导问题是一个复杂而严峻的问题,需要政府、金融机构、企业主体和社会各界的共同努力来解决。只有通过多方面的措施,才能有效地控制和化解债务风险,促进实体经济的健康发展。

(四)基于模糊集定性比较分析的政府补助研究

补助研究是一种重要的科研资助方式,它为许多科研人员提供了重要的资金支持,帮助他们开展研究工作。然而,补助研究的实施过程中也存在一些问题,如资助标准不明确、评估方法不科学等。为了解决这些问题,本书将介绍一种基于模糊集定性比较分析的方法,用于补助研究的评估和比较。模糊集定性比较分析是一种基于模糊集理论的评价方法,它能够将定性的评价转化为定量的数值,从而更好地进行比较和分析。这种方法适用于各种类型的评价问题,包括补助研究的评估和比较。通过这种方法,我们可以更好地了解补助研究的实施效果,为未来的研究提供参考和借鉴。这种方法通过建立评价指标体系,对各个指标进行量化评分,并将这些评分进行比较和分析,从而得出最终的评价结果。在补助研究的评估中,我们可以根据不同的研究领域和目标,建立不同的评价指标体系,如研究内容、研究方法、研究结果等。这些指标可以反映补助研究的各个方面,为评估提供有力的支持。考虑如何在实际应用中应用模糊集定性比较分析。收集相关的数据和信息,包括补助研究的申请材料、研究成果、同行评议结果等。最后,我们根据分析结果对补助研究的实施效果进行评估和比较,为未来的研究提供参考和借鉴。在实际应用中,注意一些问题。确保评价指标体系的科学性和合理性,避免出现主观性和片面性。确保数据和信息的真实性和可靠性,避免出现虚假数据和信息。根据实际情况进行调整和完善,不断增强评估和比较的准确性和可靠性。基于模糊集定性比较分析的方法可以为补助研究的评估和比较提供有力的支持。因此,我们应该加强对这种方法的应用和研究,不断提高补助研究的水平和质量。

第三节　现代经济管理的发展趋势

一、以市场为导向

随着市场经济体制的逐步完善,企业所处的市场环境正在发生深刻的变化。在这样一个竞争激烈的市场环境中,企业要想取得成功,就必须以市场为导向,不断调整和优化自身的产品研发和营销策略。首先,企业需要深入了解市场需求。市场需求的多样性决定了企业需要开发出不同类型的产品以满足不同消费者的需求。因此,企业需要收集和分析大量的市场数据,了解消费者的购买习惯、偏好和需求,以便更好地把握市场趋势和消费者需求的变化。企业需要时刻关注市场动态,及时捕捉消费者的新需求和新变化,以便能够快速响应市场的变化,满足消费者的需求。其次,企业需要关注消费者行为的变化。随着互联网和社交媒体的普及,消费者的购物习惯和消费观念也在不断变化。企业需要关注消费者的社交媒体动态、评论和反馈,以便更好地了解消费者的需求和期望,从而调整自身的产品设计和营销策略。此外,企业还需要加强对消费者行为的分析和预测,以便能够提前预知消费者的变化趋势,从而制定更加精准的营销策略。最后,企业应以市场为导向进行产品研发和营销策略的制定。在产品研发方面,企业需要注重产品的质量和性能,以满足消费者的需求和期望。在营销策略方面,企业需要制定多元化的营销手段,如社交媒体营销、内容营销、广告投放等,以提高品牌知名度和市场份额。同时,企业还需要注重与消费者的互动和沟通,建立良好的品牌形象和口碑,提高消费者的忠诚度和满意度。

二、经济管理的信息化发展

随着信息技术的不断发展,其在经济管理中的应用越来越广泛。大数据分析、云计算和人工智能等先进技术,已经成为企业提高管理效率、精准度的关键手段。大数据分析,通过收集、整理、分析海量的数据信息,为企业提供了更全面、深入的决策依据。在市场竞争日益激烈的今天,企业要想立于不败之地,就必须了解市场、了解消费者,而这就需要大量的数据支持。大数据分析可以帮助企业挖掘出隐藏在数据背后的规律和趋势,从而制定出更符合市场需求、更具竞争力的战略规划。这不仅可以提升企业的市场竞争力,还可以帮助企业规避风险、提高效益。云计算技术,通过将计算资源和服务通过网络提供给用户,极大地简化了企业的 IT 架构,降低了企业的运营成本。对于企业来说,IT 系统的稳定性和效率至关重要。云计算技术可以提供灵活、高效、安全的计算资源和服务,企业无须担心硬件设备的维护和管理问题。这使得企业可以将更多的精力放在业务发展上,而无须担心 IT 系统的建设和维护。人工智能技术,通过模拟人类的智能行为,为企业提供了自动化、智能化的管理手段。例如,智能客服可以实时响应客户的需求,提高客户满意度;智能决策系统可以根据数据和算法,为企业提供最优的决策建议。人工智能技术的应用不仅可以提高企业的管理效率和质量,还可以为企业提供更广阔的发展空间。未来,随着人工智能技术的不断创新和发展,其应用领域也将越来越广泛。未来,随着信息技术的不断创新和发展,经济管理将更加依赖于信息技术,企业也将迎来更加美好的发展前景。同时,这也对企业管理者提出了更高的要求,需要他们不断学习新知识、掌握新技术,以适应不断变化的市场环境。

三、人力资源管理重视度提高

随着社会的发展和市场竞争的加剧,企业越来越意识到人才的重要性。人才是企业最宝贵的资源,是企业核心竞争力的重要组成部分。因此,企业需要采取一系列措施,以激发员工的潜力,提高员工的工作积极性和满意度,从而增强企业的整体竞争力。首先,企业需要重视员工的培训。培训是提高员工技能和知识水平的重要途径,可以帮助员工更好地适应工作需求,提高工作效率和质量。为了满足不同岗位和不同层次员工的需求,企业可以通过内部培训、外部培训、在线培训等多种方式,为员工提供多元化的培训机会。同时,企业还需要建立完善的培训体系,确保培训的连续性和系统性,以提高员工的综合素质和职业竞争力。此外,企业还需要为员工提供明确的职业发展路径和晋升机会,让员工看到自己在企业中的发展前景和机会,从而增强员工的归属感和忠诚度。其次,企业需要注重员工的激励。激励是提高员工工作积极性和创造性的重要手段。企业可以通过薪酬激励、晋升激励、荣誉激励等多种方式,激发员工的积极性和潜力。同时,企业还需要关注员工的情感需求,营造良好的企业文化和团队氛围,增强员工的归属感和忠诚度。此外,企业还可以通过提供更多的培训和发展机会,让员工感受到企业对他们的重视和关心,从而激发他们的工作热情和创造力。最后,企业需要关注员工的职业发展。员工是企业发展的重要动力,因此企业需要关注员工的职业发展,为员工提供更多的晋升机会和发展空间。企业可以通过建立完善的职业发展体系,为员工提供多元化的职业发展路径,帮助他们实现个人价值和职业梦想。同时,企业还需要为员工提供更多的职业发展机会和资源,让他们在工作中不断学习和成长,从而增强企业的整体竞争力。

四、可持续性发展

随着社会的发展和人们环保意识的提高,企业不能再仅仅关注经济效益,而是需要更加重视可持续发展。可持续发展不仅要求企业在经济上取得成功,而且要求企业在环境保护和社会责任方面做出贡献。面对日益严峻的环境问题,企业需要采取一系列措施来实现可持续发展。首先,企业需要积极推动绿色生产,采用环保材料和清洁生产方法,减少生产过程中的环境污染,同时提高产品质量和竞争力。这不仅有助于企业树立良好的形象,还可以降低生产成本,提高经济效益。此外,企业还需要采用先进的节能、减排、降噪技术,减少能源消耗和污染物排放,实现经济效益和环境效益的统一。这不仅可以提高企业的社会责任感,还可以为企业带来长期的经济效益。然而,这些措施的实施并非一蹴而就。企业需要长期坚持,不断改进和完善。同时,企业还需要加强环保宣传和教育,增强员工和公众的环保意识。只有当所有人都认识到环境保护的重要性,才能共同推动可持续发展。企业应该积极参与环保公益事业,为社会做出贡献。这不仅可以增强企业的社会责任感,还可以树立良好的企业形象,吸引更多的合作伙伴和投资者。随着环境保护意识的增强,企业需要关注可持续发展,通过绿色生产、环保技术等手段实现经济效益和环境效益的统一。这不仅是企业的社会责任,也是实现长期可持续发展的关键。同时,企业也需要意识到自身的优势和劣势,积极应对挑战和机遇,不断创新和进步,为社会的可持续发展做出更大的贡献。

五、全球化视野

随着全球化进程的加速,企业面临的竞争环境已经发生了深刻的变化。为了在日益激烈的全球竞争中立于不败之地,企业必须具备全球化视野,关注国际市场的变化和趋势,积极参与国际竞争与合作。首先,企业需要深入了解全球市场的需求和趋势。在全球化的背景下,市场不再是单一的国内市场,而是涵盖了全球各个角落的多元化市场。企业需要关注不同市场的特点,了解消费者的需求和偏好,以便提供符合市场需求的产品和服务。同时,企业还需要关注国际市场的变化和趋势,如新兴市场的崛起、消费者行为的变化等,以便及时调整自身的战略和业务模式。其次,企业需要积极参与国际竞争与合作。在全球化的背景下,竞争与合作并存。通过合作,企业可以实现优势互补,降低成本,提高竞争力。同时,企业还需要遵守国际规则,尊重知识产权,维护良好的商业信誉,以赢得国际市场的信任和支持。此外,企业还需要具备全球化的管理理念和人才队伍。全球化背景下的企业需要具备全球化的管理理念,注重跨文化沟通和管理,培养具有国际视野的人才队伍。企业需要吸引和留住具有国际经验的人才,以便更好地应对全球化带来的挑战和机遇。

六、强调创新

在竞争激烈的市场环境中,企业需要不断创新以保持竞争优势,这是保持企业竞争力并实现可持续发展的关键因素。产品创新、技术创新、管理创新等各个方面都是企业需要关注的重点。首先,产品创新是企业赢得市场份额的重要手段。在不断变化的市场需求下,企业需要不断推出具有竞争力的新产品,以满足消费者不断变化的需求。通过深入了解市场趋势和消费者需求,企业可以开发出具有差异化优势的产品,从而在竞争中占据优势。其次,技术创新是推动企业发展的核心动力。在数字化时代,技术进步对企业的影响越来越大。企业需要不断投入研发资源,引进先进的技术和设备,以提高生产效率和质量。同时,技术创新还可以帮助企业提高产品附加值,拓展新的市场领域,从而获得更多的商业机会。此外,管理创新也是企业保持竞争优势的重要手段。企业管理者需要不断优化管理流程,提高员工的工作效率和创新能力。通过建立有效的激励机制和培训机制,企业可以提高员工的工作积极性和满意度,从而增强企业的凝聚力。同时,企业管理者还需要关注企业文化建设,营造良好的工作氛围,提高员工的归属感和忠诚度。除了以上三个方面,企业还需要关注其他方面的创新,如市场营销创新、服务创新等。市场营销创新可以帮助企业更好地推广产品和服务,提高品牌知名度和市场占有率。服务创新则可以提高客户满意度和忠诚度,从而为企业带来更多的回头客和口碑传播。

七、注重风险管理

在现代经济管理中,企业面临着各种风险,如市场风险、财务风险、技术风险等。这些风险不仅会影响企业的正常运营和发展,甚至可能导致企业破产倒闭。因此,加强风险管理,建立完善的风险预警和应对机制,已成为现代经济管理的重要任务。

首先,市场风险是企业经营中最为常见的一种风险。市场环境的变化、竞争对手的行为、消费者的需求变化等都可能对企业的经营产生影响。为了应对市场风险,企业需要密切关注市场动态,及时调整经营策略,以适应市场变化。同时,企业还需要建立完善的市场风险预警机制,通过数据分析、市场调研等方式,及时发现市场风险,并采取相应的措施进行防范和应对。

其次,财务风险是企业经营中不可忽视的一种风险。企业的财务状况、资金流动、债务情况等都可能对企业的经营产生影响。为了应对财务风险,企业需要建立完善的财务管理体系,加强财务监管和控制,确保财务信息的真实性和准确性。同时,企业还需要建立财务风险预警机制,通过财务数据分析、审计等方式,及时发现财务风险,并采取相应的措施进行防范和应对。

此外,技术风险也是企业面临的一种重要风险。随着科技的不断进步,企业的技术水平也需要不断提高。然而,技术更新换代的速度很快,企业需要不断适应新技术的发展,否则可能会面临技术落后、竞争力下降等问题。为了应对技术风险,企业需要加强技术创新和研发,提高自身的技术实力和市场竞争力。同时,企业还需要建立完善的技术风险预警机制,通过技术评估、知识产权保护等方式,及时发现技术风险,并采取相应的措施进行防范和应对。

第二章　财政税收基本理论

第一节　财政税收的概念

一、财政

(一)财政的概念与职能

财政是国家(或政府)的一个重要的经济部门,即财政部门。它是国家(或政府)的一个综合性部门,与社会的经济发展和民生息息相关。财政部门的主要职责是通过其收支活动,筹集和供给经费和资金,为国家的各项职能提供必要的支持和保障。财政部门的收支活动涵盖了广泛的领域,包括但不限于公共基础设施的建设、教育、医疗、社会保障、环境保护、国防、外交等各个领域。通过这些经费和资金的筹集和供给,财政部门为国家的发展和民生改善提供了坚实的经济基础和资金保障。同时,财政部门还承担着监管和管理国家(或政府)的财政资源的重要职责。它需要确保财政资源的合理分配和使用,防止浪费和滥用,也要保证公共资金的安全和透明度。这些职责的履行,不仅关系着国家的经济稳定和发展,也关系着民生福祉和社会公平正义的实现。

财政部门是国家(或政府)的一个重要组成部分,它通过其收支活动和监管职责,为国家的发展和民生改善提供了重要的支持和保障。财政的职能包括资源配置、收入分配、经济稳定与发展、保障社会和谐稳定和实现国家的长治久安。

1. 资源配置职能

资源配置职能是指财政通过收支活动,为优化社会总需求与总供给之间的平衡,实现资源的合理配置提供资金保障。具体来说,财政收支的调节作用主要体现在以下几个方面:

首先,财政收支的调节可以影响资源的配置方向。当市场机制出现失灵时,财政可以通过调整支出结构,加大对某些领域的投入,如基础设施建设、科技创新、环境保护等,引导资源向这些领域流动,促进资源的合理配置。其次,财政收支的调节可以影响资源的配置数量。通过调整税收政策、补贴政策等财政政策手段,可以引导企业和个人增加或减少某些领域的投资和消费,从而影响资源的配置数量。例如,对环保产业的税收优惠可以鼓励企业增加环保投资,从而增加环保领域的资源投入。最后,财政收支的调节还可以影响资源的配置效率。通过财政资金的监督和管理,可以确保资源的使用符合公共利益,避免资源的浪费和低效使用。同时,财政还可以通过预算的编制和执行,提高财政资金的利用效率,从而更好地实现资源的合理配置。

2. 收入分配职能

财政在社会财富分配中起着至关重要的作用。为了实现社会财富的公平分配,财政通过税收等手段将社会财富集中到政府手中。税收是国家财政收入的主要来源之一,通过征收各种税费,政府可以获取大量的资金,从而为公共事业和基础设施建设提供资金支持。这些集中到政府手中的社会财富,接下来需要通过支出等手段进行再分配。支出涵盖了教育、医疗、社会保障、公共基础设施等多个领域,通过这些领域的投入,可以促进社会公平和稳定,提高人民生活水平,促进经济发展。政府支出不仅要注重数量,还要注重质量和效率。应该根据社会需求和经济发展状况,合理规划财政支出,确保资金的有效利用和合理分配。同时,政府还应该加强监管和评估,确保财政资金的使用符合法律法规和政策要求,避免浪费和滥用现象的发生。通过财政的税收和支出等手段,不仅可以实现社会财富的公平分配,还可以促进社会稳定和经济发展。因此,我们必须加强财政管理,确保财政资金的使用符合法律法规和政策要求,为人民创造更加公平、富裕、和谐的社会环境。此外,不断完善财政制度,增强财政管理的科学性和规范性,确保财政资金的高效利用和合理分配。只有这样,我们才能真正实现社会财富的公平分配,促进社会的持续发展和进步。

3. 经济稳定与发展职能

经济稳定与发展职能是财政的一个重要职能,它涉及财政如何通过税收等手段来调节社会总供给与总需求,从而实现经济的稳定增长。首先,财政部门需要深入了解当前的经济形势,包括社会总供给和总需求的状况,以及经济发展的趋势。只有全面掌握这些信息,财政部门才能制定出符合当前经济环境的财政政策。为了做到这一点,财政部门需要与相关部门密切合作,共同分析经济形势,以便做出更加精准的决策。其次,财政部门可以通过税收手段来调节社会总供给与总需求。税收是财政政策的重要组成部分,它能够通过改变人们的经济行为来影响社会总供给和总需求。例如,如果社会总需求不足,财政部门可以通过降低税率或增加税收的方式来鼓励人们增加消费和投资,从而增加社会总需求。相反,如果社会总需求过高,财政部门可以通过提高税率或减少税收的方式来抑制人们的消费和投资,从而降低社会总需求。此外,财政部门还可以通过税收优惠政策来鼓励企业进行创新和投资,以促进经济的长期稳定增长。此外,财政部门还可以通过转移支付等手段来调节社会总供给与总需求。转移支付是指向贫困地区或弱势群体提供资金支持,以帮助他们改善生活条件和提高生活质量。这种政策可以平衡不同地区之间的经济差距,促进经济的稳定增长。同时,转移支付还可以提高弱势群体的生活水平,缩小贫富差距,进一步促进社会的公平和稳定。

4. 保障社会和谐稳定和实现国家的长治久安职能

财政在社会和谐稳定和实现国家长治久安方面发挥着至关重要的作用。它不仅是一个国家经济运行的"晴雨表",更是社会公平正义的"守护者"。它通过提供各种公共服务,如教育、医疗、社会保障、公共安全等,为社会和谐稳定提供了资金保障。这些公共服务不仅满足了人们的基本需求,也提高了人们的生活质量,减少了社会矛盾和冲突,从而促进了社会的和谐稳定。同时,财政也承担着保障国家长治久安的职能。它通过各种手段,如基础设施建设、国防建设、法律制度建设等,为国家的长治久安提供了资金保障。这些资金不仅用于维护国家的安全和稳定,保障国家的领土完整和安全,也为国家的长期发展提供了坚实的基础。财政在国家治理体系中扮演着重要的角色。它不仅是国家治理的基础,更是国家治理的重要手段。财政政策是国家宏观调控的重要工具,通过财政政策的调节,可以促进经济的平稳运行,实现资源的合理配置,提高社会福利水平。同时,财政也是社会公平正义的守护者。通过财政的调节,可以缩小收入差距,促进社会公平正义,保障弱势群体的基本生活需求。

财政在社会和谐稳定和实现国家长治久安方面扮演着重要的角色。它通过提供公共服务、保障民生、基础设施建设等手段,为社会和谐稳定和国家长治久安提供了资金保障,为国家的繁荣发展奠定了坚实的基础。同时,财政也是国家治理体系的重要组成部分,是实现国家治理现代化的重要手段。因此,我们应该重视财政的作用,加强财政管理,推动财政制度的改革和完善,以实现国家的长治久安和繁荣发展。

(二)财政体系的构成

财政体系是一个国家财政的组织结构,它是由不同级别的财政部门按照行政级次设计的系统构成的。

(1)财政体系,作为国家经济治理的基石,其构建与运作都极为复杂且关键。按照财政分配的方式,这一体系主要由国家预算、预算外资金、国家税收、财政信用和国有企业财务等几个子系统组成。这些子系统各具特色,相互独立又相互关联,共同支撑着整个国家的财政运转。

国家预算,作为财政体系的核心,是国家对未来一定时期内收入和支出的预先安排。它体现了国家的经济政策和财政目标,是国家进行宏观调控的重要手段。

预算外资金则是对国家预算的重要补充,主要用于满足一些特殊或紧急的支出需求。

国家税收,作为财政收入的主要来源,是国家实现其职能的重要物质基础。税收的种类多样,覆盖了社会经济活动的各个领域,确保了国家财政收入的稳定和可持续。

财政信用则是国家通过信用方式筹集和运用财政资金的一种形式。它既是国家调节经济的重要手段,也是国家与企业和个人之间的重要经济纽带。

国有企业财务则是国家对国有企业经济活动进行管理和监督的一种方式。通过财务管理,国家可以了解企业的经营状况,确保国有资产的保值增值。

(2)财政体系是一个层级分明、各司其职的系统网络,由财政、省财政、市(或县)财政和乡镇财政等多个子系统有机构成。这些子系统在财政体系中发挥着各自独特的作用,共同维护着国家财政的健康运行。

财政作为最高层级的财政管理子系统,承担着国家预算的编制和管理重任。它负责制定国家财政政策,调控宏观经济运行,确保国家财政收支平衡和经济发展稳定。财政还负责监督和管理国家财政资金的使用,防范财政风险,保障国家财政安全。

省财政在财政体系中扮演着承上启下的重要角色。它既要执行国家财政政策,又要根据本省实际情况制定具体的财政管理措施。省财政负责本省预算的编制和执行,管理本省的税收收入和非税收入,还要对下级的市(或县)财政进行指导和监督。

市(或县)财政和乡镇财政,它们作为基层财政子系统,承担着本地区的财政事务管理职责。市(或县)财政负责编制和执行本地区的预算,管理本地区的财政收入和支出。乡镇财政则更加贴近基层群众,负责农村公共服务和基础设施建设等方面的资金管理和监督。这些基层财政子系统的工作直接关系到人民群众的切身利益,对于促进地区经济发展和社会稳定具有重要意义。

(3)财政体系是一个多元化、复杂化的系统,其内部不仅包含了多个层级的财政管理子系统,还根据财政支出的性质细分为物质生产领域支出和非物质生产领域支出的子系统。这两个子系统在推动国家经济发展和社会进步方面各自扮演着不可或缺的角色。物质生产领域的支出子系统是国家经济发展的重要支撑。它主要集中在基础设施建设、生产资料购置等方面,为国家的工业、农业、交通、能源等物质生产部门提供必要的资金保障。通过这些支出,国家能够不断完善生产条件,提高生产效率,推动经济的持续稳定增长。同时,物质生产领域的支出还能够创造大量的就业机会,缓解社会就业压力,为国家的经济发展注入更多的活力。非物质生产领域的支出子系统则是国家社会发展的重要保障。它涵盖了教育、医疗、社会保障等多个方面,为人民群众提供了广泛而全面的公共服务。通过这些支出,国家能够不断提高人民群众的生活水平,满足人民群众对于美好生活的向往。同时,非物质生产领域的支出还能够促进社会的公平与和谐,减少社会矛盾与冲突,为国家的长治久安奠定坚实的基础。

(4)财政体系是一个庞大而复杂的系统,它涵盖了预算管理、预算外资金管理、税收管理、企业财务管理、基本建设财务管理等多个子系统。这些子系统在财政体系中各司其职,相互协作,共同维护着国家的财经秩序,确保国家的财政运转正常。

预算管理子系统是财政体系的核心,它负责编制和审核国家预算,对国家财政收支进行统筹安排。通过预算管理,国家能够合理分配财政资金,优化资源配置,确保国家各项事业的顺利发展。

预算外资金管理子系统则是对预算管理的重要补充,它负责管理和监督预算外资金的收支活动。这些资金虽然未纳入国家预算,但仍然需要严格管理,防止滥用和浪费。

税收管理子系统是国家财政收入的重要保障,它负责税收的征收、管理和使用。通过税收管理,国家能够确保税收的公平性、合理性和及时性,为国家提供稳定的财政收入来源。

企业财务管理子系统则是针对企业财务活动的管理和监督。它要求企业建立健全的财务制度,规范财务行为,确保企业财务状况的真实性和合法性。

基本建设财务管理子系统则是针对国家基本建设项目的管理和监督。它负责基本建设资金的筹集、使用和管理,确保基本建设项目的顺利进行和资金的合理使用。

这些子系统相互依存、相互制约,共同构成了财政体系的完整框架。它们各自发挥着不同的作用,但都是为了维护国家的财经秩序和保障国家的财政运转正常。在未来的发展中,我们需要不断完善和优化这些子系统,提高财政管理的效率和水平,为国家的经济发展和社会进步提供有力的财政保障。

二、税收

(一)税收的概念与分类

税收是国家财政收入的主要来源之一,也是国家实施其职能的重要手段之一。税收是国家为了实现其政治、经济、文化等各方面的职能,按照法定程序向居民和经济组织强制地、无偿地征收货币或物资,以取得财政收入的一种手段。税收的目的是满足国家财政支出的需要,保障国家机器的正常运转,也是为了促进经济的发展和社会的进步。通过税收,国家可以引导居民和经济组织的经济活动,实现资源的合理配置,促进经济的可持续发展。税收具有无偿性、强制性和固定性的特点。无偿性是指国家征收税收后,不需要向纳税人支付任何形式的补偿或回报。强制性是指税收的征收必须按照国家的法律法规和政策进行,任何单位和个人都不能逃避税收的缴纳。固定性是指税收的征收方式和标准是事先规定的,不能随意改变。此外,税收还具有调节经济、促进公平竞争、维护国家主权和稳定财政收入等方面的作用。同时,税收还可以促进市场的公平竞争,防止不正当竞争的发生,维护市场的正常秩序。税收是国家实现其职能的重要手段之一,对于国家的正常运转和社会的发展具有重要意义。因此,每个居民和经济组织都应该按照国家的法律法规和政策缴纳税金,为国家的发展做出自己的贡献。税收的分类如下:

(1)税收是政府为了实现其职能,凭借政治权力,依法取得财政收入的一种形式。根据征税对象的不同,税收可以分为多种类型。首先,流转税是针对商品和劳务的流转额进行征税的税种。主要包括增值税、消费税、营业税等。这些税种通常在商品或服务交易的过程中征收,以调节市场价格和促进市场公平交易。其次,所得税则是针对个人和企业的收入进行征税的税种。主要包括个人所得税和企业所得税。这些税种的主要目的是公平收入分配,促进社会公平。此外,财产税是对个人或机构的财产进行征税的税种,主要包括房产税、车辆购置税等。这些税种通常用于征收城市基础设施建设和维护费用,以及用于公共安全保障等支出。再者,资源税是对自然资源进行征收的税种。主要包括城镇土地使用税、矿产资源税等。这些税种的目的是促进资源的合理利用和环境保护。最后,行为税是对某些特定行为进行征税的税种,主要包括印花税、城市维护建设税等。这些税种的目的是规范市场行为,促进市场秩序的稳定。税收的种类繁多,每种类型都有其特定的目的和作用。税收制度的设计和实施需要综合考虑多种因素,以确保公平、公正、透明和可持续性。

(2)根据税收管理和使用权限的不同,税收可以分为三种类型,分别是中央税、地方税和地方共享税。中央税是由中央政府管理和征收的税收,通常由全国范围内的税收来源构成,税收收入也由中央政府统一管理和使用。这种税收的权限主要集中在中央政府,地方政府没有独立的税收来源,需要依靠中央政府的税收拨款。地方税则是由地方政府管理和征收的税收,通常由地方范围内的税收来源构成,税收收入主要用于地方公共服务的支出,如教育、医疗、交通等。这种税收的权限主要集中在地方政府,中央政府不会过多干预地方税收的管理和使用。而地方共享税则是指由地方政府和中央政府共同管理和征收的税收,通常由跨地区的税收来源构成,税收收入由地方政府和中央政府按照一定的比例分享。这种税收的权限既有中央政府的参与,也有地方政府的参与,税收收入的分配需要按照一定的规则进行。不同的税收类型反映了不同的税收管理和使用权限,对于税收的公平性和效率性有着重要的影响。在制定税收政策时,需要根据实际情况选择合适的税收类型,以实现税收的合理分配和利用。

（3）税收是政府为了实现其职能,根据法律规定,按照法定程序,向居民、非居民和特定纳税人强制征收的收入。根据计税标准的不同,税收可以分为从价税和从量税两种类型。从价税是以商品或劳务的价格为计税依据,其税额与商品或劳务的价格成正比。这种类型的税收通常适用于那些价格变动幅度较大、价格易于评估的商品或劳务。例如,对于一些消费品、奢侈品等,通常采用从价税进行征收。而从量税则是以商品或劳务的计量单位为计税依据,按照单位课税金额与销售数量进行计算。这种类型的税收适用于那些价格变动幅度较小、不易于评估的商品或劳务,如粮食、建材等。对于这些商品或劳务,采用从量税征收更为合理,因为它们的价格波动较小,不易于评估价格变动对税收的影响。在实际应用中,这两种类型的税收往往是相互结合的,以适应不同的税收需求和实际情况。例如,对于一些混合销售或兼营不同税率的商品或劳务的情况,可以采用从价和从量相结合的方式进行征收,以更好地平衡税收负担和税收公平。从价税和从量税是税收的两个重要类型,它们各有优缺点和适用范围。政府在制定税收政策时,需要根据实际情况选择合适的计税标准,以实现税收征收的公平、合理和有效。

（二）税收制度的要素

1. 纳税人

纳税人是纳税义务的承担者,可以是自然人、法人或者其他组织。纳税人在缴纳税款的过程中,需要按照税法规定履行纳税义务,以确保自身的合法利益。纳税义务的产生源于国家对特定经济行为的征税要求,这是国家财政收入的重要来源之一。作为纳税人,我们需要了解并遵守税法规定,确保自身的纳税行为符合法律规定,避免因违反税法而产生不必要的法律风险。在履行纳税义务的过程中,纳税人需要与税务机关建立联系。税务机关是国家负责税收征收、管理和监督的机构,纳税人需要与税务机关保持沟通,及时了解税收政策的变化和调整,以便更好地履行纳税义务。除了缴纳税款,纳税人还可以通过合理合法的避税方式来降低自身的税收负担。然而,避税并不等同于逃税或偷税,纳税人需要明确区分合法避税和非法逃税之间的界限。在合理避税的过程中,纳税人可以通过了解税收政策、优化自身的经济行为等方式来实现这一目标。此外,作为纳税人,关注税收的公平性和合理性。税收制度是国家财政收入的重要保障,也是社会公平正义的重要体现之一。因此,我们需要积极参与税收政策的讨论和制定过程,为税收制度的改革和完善贡献自己的力量。作为纳税人,我们需要了解并遵守税法规定,与税务机关保持沟通,合理避税并关注税收的公平性和合理性。只有这样,我们才能更好地履行纳税义务,为国家的发展和繁荣做出贡献。

2. 征税对象

征税对象是纳税义务的标的物,是国家对什么进行征税的关键所在。明确征税对象的概念,它是指国家对哪些商品、劳务、所得、财产或资源等进行征税的具体对象。商品、劳务和资源无疑是征税的重要对象。例如,增值税是对商品流转额征收的一种税,其征税对象就是商品的销售量或销售额。再如,资源税是对自然资源征税的一种税种,其征税对象就是各种自然资源。然而,这只是征税对象的一部分。在现实生活中,我们还会对所得和财产进行征税。所得税是对个人或企业的劳动所得和经营所得进行征税的一种税种,其征税对象就是这些收入。财产税则是对个人或组织的财产价值或财产的转移行为进行征税,如房产税、车辆购置税等。不同的税种有着不同的征税对象,这是税收制度的重要组成部分。例如,增值税和所得税是两种最常见的税种,它们的征税对象就具有不同的特点。增值税是对商品和服务的增值额进行征税,其特点是覆盖面广、重复征税等问题得到有效解决。而所得税则是对个人或企业的所得进行征税,其优点在于能够激励人们努力工作、提高效率,从而促进经济发展。此外,考虑税收的公平性和效率性。在确定征税对象时,我们需要权衡不同利益群体的利益关系,确保税收制度的公平性和合理性。同时,我们也需要考虑税收制度的效率性,即如何通过合理的税收制度安排,实现税收收入的最大化。征税对象是税收制度的重要组成部分,它决定了国家对哪些对象进行征税。不同的税种有着不同的征税对象,这不仅关系着税收制度的公平性和合理性,也关系着税收制度的效率性和经济运行的整体效果。因此,在制定税收制度时,我们需要全面考虑各种因素,确保税收制度的科学性和可行性。同时,我们也需要不断探索和创新税收制度,以适应经济和社会发展的需要。

3. 税率

税率是税收制度的核心要素之一,它是指应纳税额与计税依据之间的比例,是纳税人应缴纳税款与实际应税金额的比值。首先,税率的高低直接影响着国家财政收入的数量。在市场经济条件下,税收是国家财政收入的主要来源之一。税率的高低直接决定了国家财政收入的多少,因此,国家通常会根据财政需要和经济发展状况,制定不同的税率标准。适度的税率可以保证国家财政收入的稳定增长,也可以促进经济的健康发展。其次,税率的高低也会影响纳税人负担水平。如果税率过高,会增加纳税人的负担,影响他们的生产和生活。如果税率过低,则会导致国家财政收入的减少,不利于国家的长远发展。因此,合理的税率应该是在保证国家财政收入的同时,也能够减轻纳税人的负担,促进经济的可持续发展。此外,税率的设计和制定也涉及税收制度的公平性和效率性。税收制度应该是一个公平、公正、公开的制度,既要能够保证国家的财政收入,又要兼顾纳税人的利益,避免出现不公平的现象。同时,税收制度的设计也应该注重效率性,尽可能地减少税收成本,提高税收的征收效率。

4. 纳税环节

纳税环节是指税收征收在生产、流通、分配等各个阶段中具体在哪些环节进行的问题。在理解纳税环节时,我们需要考虑税收在整个经济活动中的流动过程,即从生产到流通,再到分配等各个阶段。首先,在生产阶段,纳税环节可能出现在产品的制造、加工、组装等过程中。在这个阶段,企业需要按照其生产或加工的产品的类型和数量,根据相应的税率标准缴纳相应的税款。其次,在流通阶段,纳税环节可能出现在商品的销售、批发、零售等环节。在这个阶段,商家需要按照销售额或销售数量,根据税收法规的规定缴纳相应的税款。此外,在商品流通的过程中,还可能涉及一些特殊的税收政策,如增值税等。再者,在分配阶段,纳税环节可能出现在个人所得税的征收过程中。在这个阶段,个人需要按照其收入的类型和数量,根据税收法规的规定缴纳相应的税款。

合理的纳税环节对于税收征管来说非常重要。首先,它可以帮助税务机关更好地了解企业的生产和经营情况,从而更好地进行税收征收和管理。其次,合理的纳税环节可以提高税收征收的效率,减少税收征收过程中的烦琐和浪费。最后,它还可以降低纳税人的成本,减少不必要的税收负担。

第二节　财政税收的内容

一、各项税收

财政税收是现代经济体系中的重要组成部分,它涵盖了各种不同的税种,包括但不限于增值税、营业税、消费税、土地增值税、城市维护建设税、资源税、城镇土地使用税、印花税、个人所得税、企业所得税、关税、农牧业税和耕地占用税等。这些税种在调节经济运行、促进社会公平、维护国家财政收入等方面发挥着至关重要的作用。增值税是一种普遍征收的税种,适用于大多数商品和服务。营业税则主要针对特定行业或交易征收,如建筑业、金融业等。消费税则是针对特定的消费品和消费行为征收的税种,如烟、酒、汽车等。土地增值税是对土地使用权转让和房屋买卖行为所征收的税款。城市维护建设税则是为了加强城市的维护建设而设立的税种。资源税则是针对自然资源开采和利用行为征收的税种。

除此之外,还有城镇土地使用税、印花税等其他税种。城镇土地使用税是对在城镇范围内使用土地的企业和个人征收的税款,印花税则是对经济活动中的合同和凭证征收的税收。个人所得税和企业所得税则是针对个人和企业所得收入征收的税种,它们是国家财政收入的重要来源之一。还有关税和农牧业税等特殊税种。关税是对进口商品征收的税收,以保护本国的经济发展和产业安全。农牧业税则是针对农牧业生产和经营收入征收的税收,是国家财政收入的重要组成部分,也对保障国家粮食安全具有重要意义。

财政税收是一个庞大的体系,它涵盖了各种不同的税种,涉及经济生活的方方面面。了解和掌握这些税收政策,对于企业和个人来说,不仅有利于合理合法地纳税,还可以在经营活动中更好地规避税收风险,实现经济效益和社会效益的双重提升。

二、专项收入

这部分收入来源非常多样化,其中包括征收排污费收入、征收城市水资源费收入以及教育费附加收入等。这些收入来源都是为了支持政府在环保、水资源管理和教育事业方面的投入。首先,征收排污费收入是政府对那些排放污染物的企业或个人进行收费所得。这项收入对于保护环境、减少污染具有重要意义,也是政府实施环保政策的重要手段之一。通过征收排污费,政府可以鼓励企业或个人减少污染物的排放,从而保护我们赖以生存的环境。其次,征收城市水资源费收入则是政府对城市水资源进行管理的一种手段。随着城市化的不断推进,水资源短缺问题日益严重。政府通过征收城市水资源费,可以增强人们对水资源的珍惜和节约意识,促进水资源的合理利用和保护。最后,教育费附加收入则是政府对教育事业的投入所得。教育是一个国家发展的基石,政府通过征收教育费附加来支持教育事业的发展,包括提高教育质量、增加教育投入、改善教育环境等方面。这些收入的来源不仅为政府提供了稳定的财政支持,也为教育事业的发展提供了有力保障。通过多样化的收入来源,政府可以更好地履行职责,为人民群众提供更好的生活环境和公共服务。

三、其他收入

基本建设贷款归还收入、基本建设收入和捐赠收入是公司财务收入中不可或缺的一部分,它们共同构成了公司财务状况的稳定基石。基本建设贷款归还收入,作为公司从基本建设贷款中获得的还款收入,与公司的基本建设投资密切相关,是公司长期稳定收入来源之一。这一收入来源不仅为公司在基本建设阶段提供了稳定的现金流,降低了公司的财务风险,而且有助于公司更好地专注于业务发展。基本建设收入则是公司在基本建设过程中获得的各类收入,包括工程款收入、材料销售收入、设备租赁收入等。这部分收入虽然与公司的业务拓展和运营有关,但相较于长期的基本建设贷款归还收入而言,它更多的是为公司提供短期的收益支持,是公司短期收益的重要来源之一。它不仅有助于支持公司的日常运营和扩张计划,而且能够为公司在市场竞争中提供及时的现金流支持。此外,捐赠收入也是公司财务收入中不可或缺的一部分。它是指公司接受捐赠而获得的收入,这部分收入的来源通常是社会各界的爱心捐赠。相较于前两者,捐赠收入的获得往往需要公司具备更强的社会责任感和良好的公众形象。然而,捐赠收入的获得并非易事,它需要公司积极争取并妥善利用每一份捐赠,使其成为推动公司发展、增强品牌价值的重要动力。这些收入来源的稳定性和可持续性为公司提供了可靠的现金流保障,保障了公司的正常运营和发展。同时,它们也是公司实现长期发展的基石之一。通过不断拓展多元化的收入来源,公司可以更好地应对市场变化和挑战,实现可持续发展。

四、国有企业计划亏损补贴

这项收入是负收入,意味着它减少了财政收入,这确实是一个令人担忧的问题。这种负收入可能源于多种原因,比如经济衰退、行业不景气或者政策调整等。无论原因是什么,它都给财政收入带来了负面影响。财政收入是政府的重要来源之一,它为各项公共服务和基础设施建设提供了必要的资金。如果财政收入减少,政府将面临资金短缺的问题,这可能会影响各种职能的正常履行和政策的实施。为了解决这个问题,政府需要采取一些措施。首先,政府可以加强对经济的监测和管理,以避免负收入的情况再次发生。其次,政府可以调整税收政策,以鼓励经济发展和增加正收入。此外,政府还可以通过优化支出结构,确保资金用于最需要的地方,以最大限度地发挥其效用。这项负收入冲减了财政收入,给政府带来了挑战。政府需要采取适当的措施来应对这个问题,以确保财政收入的稳定和各项职能的正常运作。在当前的经济发展形势下,政府需要密切关注经济动态,及时调整政策,以确保财政收入的稳定增长。同时,政府也需要加大监管力度,确保资金用于最需要的地方,以促进经济的健康发展。只有这样,政府才能为公众提供更好的公共服务,推动社会的进步和发展。其中,增值税是主要的收入来源。国家通过各种税收筹集资金,以满足国家经济建设和各项事业发展的需要。税收是国家财政收入的主要来源之一,它不仅为国家提供了稳定的资金来源,也为国家的经济建设和社会发展提供了有力的支持。

第三节　财政税收的常用指标

一、税收收入占地方一般公共预算收入的比重

这个指标用于衡量税收收入在地方一般公共预算收入中的比重,可以反映税收收入与财政预算之间的关系。在当前的财政体系中,税收收入是地方政府财政收入的重要来源之一,而这个指标则可以用来衡量税收收入在地方一般公共预算收入中的比重。通过这个指标,我们可以了解税收收入在地方

财政收入中的地位和作用,也可以反映税收收入与财政预算之间的关系。具体来说,这个指标的计算方法是将地方一般公共预算收入中税收收入的占比作为衡量标准。这个比例越高,说明税收收入在地方财政收入中的地位越重要,也说明税收收入与财政预算之间的关系越密切。反之,如果这个比例较低,则说明税收收入在地方财政收入中的地位相对较弱,或者税收收入与财政预算之间的关系不够紧密。因此,这个指标对于地方政府来说具有重要的参考价值。通过了解税收收入在地方财政收入中的比重,地方政府可以更好地掌握税收收入的情况,进而制定更加科学合理的财政政策,促进地方经济的发展和财政收入的增加。同时,这个指标也可以为相关部门的决策提供参考,帮助相关部门更好地了解税收收入与财政预算之间的关系,进而制定更加科学合理的税收政策。

二、税收收入增长率

税收收入增长率是一个非常重要的经济指标,它反映了税收收入的增长情况,可以为我们提供有关当前经济状况和税收政策效果的宝贵信息。首先,了解经济的增长情况是至关重要的。如果税收收入增长率较高,这通常意味着经济在增长,企业和个人的收入也在增加,进而导致税收收入的增加。反之,如果税收收入增长率较低,则可能表明经济放缓或停滞,税收收入也随之减少。这可以帮助我们预测未来的经济发展趋势,并为制定相应的经济政策提供参考。其次,税收收入增长率还可以帮助我们评估税收政策的效果。税收政策的目标是促进经济增长和财政收入的增长。如果税收政策能够有效地促进经济增长,那么税收收入增长率通常会随之提高。相反,如果税收政策未能达到预期效果,那么税收收入增长率可能会下降。这可以帮助我们了解税收政策的实际效果,并据此调整税收政策,以达到更好的效果。此外,税收收入增长率还可以为我们提供有关税收公平性和透明性的信息。如果税收收入的增长主要来自某些特定的行业或群体,那么这可能表明税收政策存在不公平性。而如果税收收入的增长来自广泛的纳税人群体,那么这可能表明税收政策相对公平。税收收入增长率是一个非常重要的指标,它可以帮助我们了解经济状况、评估税收政策的效果,并为决策提供重要的参考信息。因此,我们应该密切关注税收收入增长率的变化趋势,以便更好地制定和调整经济政策。同时,这也为我们提供了评估税收制度是否合理、公平和有效的重要手段。

三、税收弹性

税收弹性是衡量税收收入与经济增长之间关系的一个重要指标。税收收入相对于经济增长的变动比率,可以反映税收收入对经济增长的敏感程度。具体来说,税收弹性是指税收收入增长率与经济增长率之间的比率。如果税收收入增长率高于经济增长率,说明税收弹性较高,说明经济增长对税收收入的影响较大;反之,如果税收收入增长率低于经济增长率,说明税收弹性较低,说明税收收入的增长速度跟不上经济增长的速度。税收弹性对于财政收入和经济发展都有着重要的影响。如果税收弹性过高,财政收入的增长速度可能会跟不上经济增长的速度,导致财政收入不稳定,甚至可能引发财政危机。而如果税收弹性过低,政府可能无法满足公共支出需求,影响社会稳定和经济发展。因此,我们需要根据实际情况制定合理的税收政策,保持税收弹性的稳定。这需要我们综合考虑各种因素,如经济发展水平、产业结构、居民收入水平等,以制定出既能够保证财政收入的稳定增长,又能够促进经济的健康发展,同时不损害经济发展潜力的税收政策。例如,对于新兴产业和高科技产业,我们可以采取减税降费的措施来鼓励其发展,而对于传统产业,我们可以采取稳定税负的措施来保持其发展动力。此外,我们还可以通过优化税制结构,降低间接税比重,提高直接税比重等措施来保持税收弹性的稳定。

四、税收集中度

税收集中度是一个重要的指标,用于衡量税收收入的集中程度,从而反映税收收入的分布情况。这个指标对于了解税收收入的来源和分布,以及制定合理的税收政策具有重要意义。税收集中度的计算方法通常是将各个地区的税收收入占全国总税收收入的比重进行比较,从而得出一个相对值。如果一个地区的税收收入占全国总税收收入的比重较大,那么这个地区的税收集中度就比较高。反之,如果一个地区的税收收入占全国总税收收入的比重较小,那么这个地区的税收集中度就比较低。通过分析税收集中度,我们可以了解税收收入的分布情况。如果一个地区的税收集中度较高,那么这个地区的税收收入可能主要来源于少数几个大型企业和行业,而这些企业和行业的税收贡献可能会对整个地区的税收收入产生较大影响。因此,了解税收集中度对于制定合理的税收政策具有重要意义。政府可以根据税收集中度的变化情况,调整税收政策,促进税收收入的均衡分布,避免过度依赖少数企业和行业,从而保障整个国家的经济稳定和可持续发展。

五、税收负担率

税收负担率是一个非常重要的财务指标,它反映了企业所缴纳的税款与其所得之间的比例。这个指标对于企业和投资者来说都非常重要,因为它可以提供有关企业税收负担情况的详细信息。具体来说,税收负担率是指企业每单位所得所缴纳的税款金额,通常用百分比表示。同时,它也可以帮助我们评估企业的经营状况和盈利能力。通过分析税收负担率,我们可以得出以下结论。

(1)税收负担率的高低可以反映企业的税收负担情况。如果企业的税收负担率较高,说明企业需要缴纳更多的税款,这可能会对企业的营利能力和资金状况产生一定的影响。相反,如果企业的税收负担率较低,说明企业的税收负担相对较轻,企业的营利能力和资金状况可能会得到更好的保障。

(2)税收负担率还可以反映企业的经营状况和营利能力。如果企业的税收负担率与同行业相比处于较低水平,说明企业在经营活动中具有较高的营利能力和竞争力。这可能是因为企业采用了有效的财务手段和税收优惠政策,提高了企业的经济效益和可持续发展能力。

此外,税收负担率的变化还可能反映出企业面临的问题和挑战。例如,如果企业的税收负担率突然上升,可能是因为企业面临经济困难或政策变化。在这种情况下,企业需要采取相应的措施来应对挑战,并寻求更好的发展机会。

税收负担率是一个非常重要的财务指标,它可以帮助我们了解企业的税收负担情况,以及企业在经济活动中的营利能力和竞争力。因此,投资者和企业应该关注这个指标的变化,并根据实际情况采取相应的措施,以实现更好的经济效益和可持续发展。同时,政府也应该加强对税收政策的监管和管理,确保税收政策的公平性和合理性,为经济发展和社会进步创造更好的条件。

六、税收优惠率

税收优惠率是一个重要的指标,用于衡量税收优惠政策的实施效果,并反映税收优惠政策对经济的影响程度。这个指标通常被用来评估税收政策是否有效,以及其是否能够促进经济发展。税收优惠率是指税收优惠金额与税收总额之间的比率。这个指标可以帮助我们了解税收优惠政策对纳税人实际税收负担的影响程度。如果税收优惠率过高,说明税收优惠政策对纳税人的负担过重,可能会对经济产生负面影响。相反,如果税收优惠率较低,说明税收优惠政策对纳税人的实际税收负担影响较小,这可能会对经济发展产生积极的影响。因此,在制定税收政策时,我们应该充分考虑税收优惠率的合理性和适度性。我们需要根据经济形势的变化和市场需求,适时调整税收优惠政策,以确保其能够更好地促进经济发展和改善民生。此外,加强对税收优惠政策的监督和管理,确保其公平、公正和透明,避免出现滥用税收优惠政策的情况。

税收优惠率是一个重要的指标,可以帮助我们评估税收政策是否有效,并了解其对经济的影响程度。因此,我们需要根据实际情况,制定合理的税收优惠政策,并加强对税收政策的监督和管理,以确保其能够更好地服务于社会和经济发展。在制定税收政策时,考虑其他因素,如纳税人的负担能力、税收公平性、税收成本等。我们需要综合考虑这些因素,以确保税收政策能够真正地促进经济发展和改善民生。同时,加强对税收政策的宣传和教育,提高公众对税收政策的了解和认识,以促进社会的和谐稳定发展。

第三章 经济管理与财政税收的关系

第一节 财政政策与经济增长的经济学理论基础

一、经济学理论基础

(一)古典经济学理论

1. 亚当·斯密的自由市场理论

亚当·斯密的自由市场理论是经济学领域中一个重要的理论观点。该理论主张在市场经济中,政府应该尽可能地减少干预,让市场机制自由运行,以达到资源的最佳配置和经济效益的最大化。首先,亚当·斯密强调了市场中的竞争机制。他认为,竞争是市场经济的核心,它可以有效地推动生产者追求效率,降低成本,提高产品质量。在这样的机制下,市场会自发地引导资源流向最需要的地方,从而实现资源的优化配置。其次,亚当·斯密认为,市场经济中的人们具有天然的利己倾向,但也在很大程度上利他。这种利己和利他的平衡,可以推动整个社会的繁荣和进步。因此,政府不应该过多地干预市场,以免破坏这种平衡。此外,亚当·斯密还强调了市场中的道德和诚信的重要性。他认为,在市场经济中,人们应该遵循道德规范和诚信原则,这不仅可以提高交易的效率,也可以增强社会的凝聚力和稳定性。然而,自由市场理论并不是完全无政府的状态,它需要建立在法治的基础上,政府应该扮演维护市场秩序、保障公平竞争、提供必要的公共产品等角色。只有在这样的环境下,自由市场才能真正发挥其潜力,推动经济的繁荣和发展。亚当·斯密的自由市场理论为市场经济提供了一个重要的理论基础。它强调了市场机制的优越性,提倡政府应该减少干预,让市场自由运行。然而,这并不意味着政府可以完全放任不管,而是在法治的基础上维护市场秩序,提供必要的公共产品。

2. 大卫·李嘉图的比较优势理论

大卫·李嘉图的比较优势理论是经济学中的一个重要概念，它是由英国经济学家大卫·李嘉图提出的。该理论旨在解释国际贸易的基础，即为什么不同国家会生产不同的产品，并相互进行贸易。首先，大卫·李嘉图的比较优势理论认为，每个国家都应该发展其相对优势或劣势较少的产品生产，从而获得比较利益。因此，两个国家可以通过交换各自具有比较优势的产品来获得利益。这个理论的基础是资源的稀缺性和比较优势的存在。由于资源有限，每个国家都需要在各种产品之间进行选择，以最大限度地利用其相对优势。通过国际贸易，国家可以获得更多的资源或产品，从而改善其生活水平并促进经济发展。此外，大卫·李嘉图的比较优势理论还强调了教育和技能的重要性。如果一个国家能够培养更多的技能和知识，它就可以更好地利用其相对优势并提高其在国际市场上的竞争力。因此，教育和技能发展对于实现比较优势和促进国际贸易至关重要。大卫·李嘉图的比较优势理论是一个重要的经济学概念，它为国际贸易提供了理论基础。通过了解比较优势和资源分配，各国可以更好地利用其相对优势并促进经济发展。

（二）凯恩斯主义经济学

1. 凯恩斯的需求管理理论

凯恩斯的需求管理理论是经济学中一个重要的理论，它主要关注的是如何通过政策、经济手段等来控制和调节市场需求，以达到稳定经济的目的。首先，凯恩斯认为，需求是经济运行的核心，而需求管理则是政府调控经济的重要手段之一。他提出了三个主要的需求管理政策：财政政策、货币政策和收入政策。其中，财政政策包括政府支出和税收政策，货币政策则包括利率调整和货币供应等措施。这些政策可以通过调节市场供需关系，稳定物价、促进就业、推动经济增长等方面发挥重要作用。其次，凯恩斯的需求管理理论强调了需求与供给之间的相互作用。他认为，市场需求的变化会影响供给，而供给的变化也会反过来影响市场需求。因此，政府在实施需求管理政策时，需要综合考虑市场需求和供给的实际情况，以实现供需平衡，促进经济的稳定发展。此外，凯恩斯的需求管理理论还强调了市场机制的作用。他认为，市场机制是调节经济运行的主要手段，政府应该通过政策引导市场机制的正常运行，而不是过度干预市场。因此，政府在实施需求管理政策时，需要充分考虑市场机制的作用,避免过度干预导致市场失灵。凯恩斯的需求管理理论是一个重要的经济学理论,它强调了政府在调控经济中的作用,也强调了市场机制的作用。在实际应用中,政府需要根据实际情况灵活运用各种需求管理政策,以达到稳定经济、促进发展的目的。

2. 凯恩斯主义的财政政策实践

凯恩斯主义是现代宏观经济学的理论基础之一,它强调政府在经济中的作用,特别是财政政策的作用。在实践中,凯恩斯主义的财政政策通常包括增加政府支出、减少税收、发行债券等方式来刺激经济增长和就业。首先,增加政府支出是凯恩斯主义财政政策的核心之一。政府可以通过增加基础设施投资、教育投入、医疗保健支出等来促进经济增长。这些支出可以创造就业机会,提高生产率,并刺激消费和投资。此外,政府还可以通过提供社会保障和福利项目来支持弱势群体,提高社会稳定性和福利水平。其次,减少税收也是凯恩斯主义财政政策的重要组成部分。政府可以通过减税来刺激个人和企业增加消费和投资,从而促进经济增长。此外,减税还可以降低个人和企业的税收负担,提高他们的经济活力和竞争力。此外,发行债券也是凯恩斯主义财政政策的一种方式。政府可以通过发行债券来筹集资金,用于支持基础设施投资、教育、医疗等领域的支出。这种方式可以降低政府的财政压力,同时为投资者提供稳定的投资回报。凯恩斯主义的财政政策实践在实践中取得了显著的效果。通过增加政府支出、减少税收和发行债券等方式,政府可以有效地刺激经济增长和就业,提高社会福利水平,并促进经济的稳定和发展。然而,在实践中,政府需要权衡各种因素,如财政负担、社会公平和效率等问题,以确保财政政策的合理性和可持续性。

(三)货币主义经济学

1. 弗里德曼的货币供应理论

弗里德曼的货币供应理论是一种重要的经济学理论,它主要关注货币的供应和需求以及其对经济的影响。弗里德曼认为,货币供应是经济体系中最重要的因素之一,它对整个经济体系的影响非常大。弗里德曼的货币供应理论强调了银行在货币供应过程中的作用。他认为,银行应该根据经济状况来调整货币供应量,以保持经济的稳定和发展。银行可以通过调整基础货币的数量来影响货币供应量,基础货币包括商业银行的准备金以及商业银行以外的货币供应量。此外,他还强调了货币流通速度的重要性,认为货币流通速度的变化也会对经济产生影响。为了确保货币供应的稳定增长,弗里德曼主张实行稳定的货币增长政策。他认为,过快或过慢的货币供应增长都会对经济造成负面影响,因此银行应该根据经济增长情况制定货币政策,并确保货币供应量的增长与经济增长相适应。弗里德曼的货币供应理论对于货币政策制定和实施具有重要的指导意义。银行应该根据经济状况和预期目标来制定货币政策,并确保货币供应量的稳定增长。这有助于保持经济的稳定和发展,避免出现通货膨胀或通货紧缩等问题。在当今社会,随着经济的快速发展和金融市场的不断扩大,货币供应理论的重要性日益凸显。弗里德曼的货币供应理论不仅适用于过去的经济环境,而且对于当前和未来的经济形势仍然具有指导意义。因此,我们应该深入研究和理解弗里德曼的货币供应理论,以更好地应对经济变化和挑战。

2. 货币主义对财政政策的影响

货币主义是一种经济理论,它主张中央银行应该控制货币供应,以保持物价稳定和经济增长。这种理论对财政政策产生了深远的影响。首先,货币主义主张财政政策应该保持中性,即不偏不倚,不刺激也不抑制经济。这意味着财政政策不应该过度干预市场,而应该让市场机制自行运作。这种观点对财政政策的影响是,政府应该减少对经济的干预,让市场力量发挥更大的作用。其次,货币主义强调货币供应的重要性。如果货币供应过多,可能会导致通货膨胀。这种观点对财政政策的影响是,政府应该谨慎使用财政政策工具,如公共支出和税收政策,以避免过度刺激经济,导致通货膨胀。此外,货币主义还主张货币政策应该独立性。这意味着中央银行应该独立运作,不受政治压力或其他因素的影响。这种观点对财政政策的影响是,政府应该尊重中央银行的独立性,并避免过度干预货币政策。货币主义对财政政策的影响是强调财政政策的适度性和货币供应的重要性,以及中央银行的独立性。这些观点有助于政府制定更加稳健和可持续的财政政策,以促进经济增长和物价稳定。

(四)供给学派经济学

1. 供给曲线理论

供给曲线理论是一种重要的经济学理论,它描述了市场上的供给量如何随着价格的变化而变化。在经济学中,供给是指厂商愿意并有能力出售其产品或服务。供给曲线是表示价格和供给量之间关系的曲线,它反映了市场供需力量的相互作用。当价格上升时,供给量通常会增加。这是因为价格的提高意味着厂商可以获得更高的利润,从而增加其生产和销售量。相反,当价格下降时,供给量通常会减少。这是因为价格下降会导致厂商的利润下降,从而减少其生产和销售量。这种价格与供给量之间的互动关系,是经济学中一个非常重要的概念。供给曲线理论在宏观经济政策制定、市场分析和企业决策等方面具有重要意义。政府可以通过调整税收、补贴、价格控制等政策手段来影响市场的供给量,从而影响经济运行。例如,政府可以通过降低税收或提供补贴来鼓励企业增加生产,从而增加就业和消费,进而促进经济增长。企业也可以根据市场供需状况和供给曲线来制定生产和销售策略,以实现利润最大化。此外,供给曲线理论还可以用于解释一些经济现象,如产能过剩、市场短缺等。通过分析供给曲线和市场供需状况,可以更好地理解市场动态和经济发展趋势。供给曲线理论是经济学中不可或缺的一部分,对于经济学者和政策制定者来说都是非常重要的知识。因此,学习和掌握供给曲线理论对于理解经济运行机制和制定经济政策具有至关重要的作用。

2. 供给学派与财政政策的关系

首先,供给学派是一种经济理论或政策主张,强调通过提高生产要素的供给能力和效率,以实现经济的长期稳定增长。其主要理论包括减税、减少政府干预、降低税率、鼓励储蓄和投资等。而财政政策则是政府为实现一定的宏观经济目标所采取的调节措施。它包括财政收入和财政支出两个方面的政策。财政收入主要包括税收、发行国债、收费等,财政支出则包括购买性支出和转移性支出。当政府实施财政政策时,供给学派的理论可以为政策制定者提供一些指导。例如,如果政府希望通过减税刺激经济增长,那么在制定财政政策时,可以考虑增加支出或降低税收以增加人们的可支配收入,从而增强人们的生产积极性,促进经济增长。另一方面,供给学派的一些理论也可以与财政政策的实施方式相结合。例如,政府可以通过减税来降低企业的成本,从而提高企业的营利能力和竞争力。此外,政府还可以通过财政政策来支持供给学派所倡导的一些政策,如鼓励储蓄和投资的政策,以促进经济的长期稳定增长。然而,需要注意的是,供给学派和财政政策之间的关系并不是简单的因果关系。它们之间的关系取决于具体的经济环境、政策目标以及政策实施方式等因素。因此,在制定经济政策时,需要综合考虑各种因素,以实现经济的长期稳定增长和社会福利的最大化。

二、财政政策与经济增长的关联机制

(一)财政政策对投资的影响

1.财政投资与私人投资的关系

财政投资和私人投资是现代化经济体系中的两个重要投资方式,它们在经济发展中起着不同的作用,但也相互影响,相互依赖。首先,财政投资是由政府主导的投资行为,主要目的是促进经济发展,改善民生,提高社会福利水平等。财政投资通常是由政府预算拨款,通过公共部门如国家财政、地方政府等来进行投资。这种投资方式通常规模较大,涉及面广,对整个经济体系的影响力也较大。私人投资则是由私人部门进行的投资行为,包括企业投资、个人投资等。私人投资的主要目的是追求经济利益,通过投入资金、人力、物力等资源来获取回报。私人投资的特点是规模较小,灵活性较高,可以根据市场变化及时调整投资策略。财政投资和私人投资在经济发展中各有其优势和局限性。财政投资的优势在于其稳定性强,可以提供长期稳定的资金来源,有助于经济体系的稳定发展。而私人投资的优点则是灵活性强,可以根据市场变化及时调整投资策略,适应性强。然而,私人投资也存在风险大、回报不稳定等问题。因此,财政投资和私人投资之间的关系需要平衡考虑。政府应该通过合理的政策引导和监管,确保财政投资的稳定性和可持续性,也要鼓励和引导私人投资,发挥其在经济发展中的积极作用。此外,政府还应该加强与私人部门的合作,共同推动经济发展,实现互利共赢的目标。财政投资和私人投资是现代经济体系中不可或缺的两种投资方式,它们各自具有优势和局限性,但可以通过合理的政策引导和监管来实现平衡发展。

2.投资对经济增长的作用

投资是推动经济增长的重要因素之一。它是指将资金、人力、物资等资源投入到经济活动中,以期获得回报的过程。投资可以促进经济增长,因为它能够增加资本存量,提高生产效率,创造就业机会,促进技术进步,以及推动产业结构升级等。首先,投资能够增加资本存量,从而为经济增长提供必要的物质基础。通过投资,人们可以购买新的设备、工具、厂房等生产资料,这些资本品可以提高生产效率,提高产出水平,进而促进经济增长。其次,投资可以创造就业机会,提高人们的收入水平。投资项目通常需要大量的劳动力,这些工作提供了就业机会,提高了人们的收入水平。收入的增加又刺激了消费和需求,进一步促进了经济增长。此外,投资还可以促进技术进步和产业升级。通过投资,企业可以引进新的技术、设备和管理方法,提高生产效率和质量,从而推动产业升级和经济结构调整。这种技术进步和产业升级又进一步促进了经济增长。然而,投资并不是万能的,它也有一定的局限性。首先,投资需要考虑到市场需求和竞争环境等因素,否则投资项目可能会失败,造成资源浪费。其次,投资需要考虑到资金的时间价值,以及投资回报周期等问题,否则可能会影响投资者的信心和决策。投资是推动经济增长的重要因素之一。但是,为了实现更好的经济增长效果,综合考虑其他因素,如政策环境、市场环境、人力资源等。只有将这些因素结合起来,才能实现更可持续、更稳定的经济增长。

(二)财政政策对消费的影响

1. 财政支出与消费的关系

财政支出与消费的关系一直是经济学领域的重要话题。财政支出是指政府在公共财政方面的支出,包括基础设施建设、教育、医疗、社会保障等方面的投入。而消费则是指个人或家庭对商品和服务的购买行为,是经济增长的重要动力之一。

财政支出与消费之间的关系是复杂的,它们之间存在着相互影响、相互促进的关系。一方面,财政支出可以为消费提供基础和条件,例如基础设施建设可以改善居民的生活环境,提高居民的生活质量,从而促进消费的增长。另一方面,消费也可以对财政支出产生影响,例如消费的增长可以带动相关产业的发展,从而增加政府的税收收入,为财政支出提供更多的资金来源。具体来说,财政支出与消费之间的关系可以从以下几个方面来分析:

(1)基础设施建设与消费:基础设施建设是财政支出的重要组成部分,包括道路、桥梁、交通设施、水利设施等。同时,基础设施的建设也可以创造更多的就业机会,提高居民的收入水平,进一步促进消费的增长。

(2)教育与消费:教育是财政支出的另一个重要领域,包括教育投入、教育改革等方面。教育可以提高劳动者的素质和技能水平,增强劳动者的就业竞争力,从而促进消费的增长。

(3)社会保障与消费:社会保障是财政支出的另一个重要领域,包括养老保险、医疗保险、失业保险等方面。社会保障可以增强居民的安全感和幸福感,增强居民的消费信心和意愿,从而促进消费的增长。同时,社会保障也可以减轻居民的经济负担,提高居民的消费能力,进一步促进消费的增长。

财政支出与消费之间存在着相互影响、相互促进的关系。政府应该根据实际情况合理安排财政支出,为消费提供基础和条件,也要注重提高居民的收入水平和生活质量,促进消费的增长。此外,政府还应该加强税收制度改革,优化税收结构,为财政支出提供更多的资金来源。

2. 消费对经济增长的影响

消费作为经济活动的重要组成部分,对经济增长起着至关重要的作用。随着经济的发展,消费逐渐成为推动经济增长的主要动力之一。本书将从以下几个方面探讨消费对经济增长的影响。

一方面,消费是经济增长的重要驱动力。在市场经济中,消费需求是市场运作的基础,也是企业生产和销售的导向。当消费者有需求时,企业就会根据市场需求进行生产和销售,从而带动经济增长。同时,消费需求也会刺激企业不断创新和改进,提高生产效率和产品质量,进一步推动经济增长。

另一方面,消费对就业的影响也不容忽视。消费需求的增加会带动相关产业的发展,如制造业、服务业等。这些产业的发展会创造更多的就业机会,从而促进就业增长。同时,消费者对产品和服务的品质和性能要求也会促进企业提高生产技术和产品质量,提高就业人员的技能水平,进一步促进就业增长。然而,消费对经济增长的影响并非一帆风顺。在某些情况下,过度消费可能会导致经济泡沫和金融危机。因此,政府需要制定适当的政策来引导和调控消费行为,避免过度消费带来的负面影响。消费对经济增长的影响是多方面的。在经济发展过程中,政府和企业需要关注消费需求的变化,制定相应的政策和措施来促进经济增长和就业增长。同时,消费者也需要理性消费,避免过度消费带来的负面影响。只有这样,才能实现经济的可持续发展和社会的和谐稳定。

(三) 财政政策对产业结构的影响

1. 产业结构调整与经济增长的关系

随着全球经济的快速发展,产业结构调整与经济增长的关系越来越受到人们的关注。产业结构调整是指通过改变产业之间的比例关系,优化资源配置,提高产业效率,以实现经济的持续增长。经济增长则是指经济总量的增加和人均收入的提高。产业结构调整与经济增长之间存在着密切的关系。首先,产业结构调整是经济增长的重要推动力。产业结构调整能够促进产业升级,提高产业效率,进而推动经济增长。通过优化资源配置,产业结构调整能够提高资源的利用效率,减少浪费,从而促进经济的增长。此外,产业结构调整还能够促进新兴产业的发展,为经济增长提供新的动力。其次,经济增长反过来也能够促进产业结构调整。经济的快速增长能够提高人们的收入水平,增加市场需求,进而推动产业结构的升级。随着人们收入的提高,对高质量、高附加值产品的需求也会增加,这将促使企业进行技术升级和产品创新,推动产业结构的优化升级。

然而,产业结构调整与经济增长之间也存在一些挑战和问题。首先,产业结构调整需要政府和企业做出战略规划和决策,需要克服各种困难和挑战。其次,产业结构调整需要一定的时间才能看到效果,需要耐心和坚持。最后,经济增长也带来了一些负面影响,如环境污染、资源过度消耗等问题,这些问题也需要我们在产业结构调整中加以考虑和解决。

产业结构调整与经济增长之间存在着密切的关系。为了实现经济的持续增长,我们需要加强产业结构调整,促进产业升级和新兴产业的发展。同时,我们也需要克服各种困难和挑战,保持耐心和坚持,处理好经济增长带来的负面影响。只有这样,我们才能实现经济的可持续发展,为未来的繁荣奠定坚实的基础。

2. 财政政策如何推动产业结构优化

财政政策在推动产业结构优化方面起着至关重要的作用。首先,政府可以通过财政支出政策来增加对某些产业的投资,从而促进这些产业的发展。例如,政府可以通过对新兴产业、高科技产业、环保产业等领域的投资,来推动这些产业的发展,从而带动整个产业结构的优化。其次,政府可以通过财政收入政策来调整产业结构。政府可以通过提高税收、征收资源税、环境税等手段,来鼓励企业注重环保、节能、减排等方面的发展,从而促进产业结构向绿色、低碳、可持续的方向发展。此外,政府还可以通过调整税率、减免税收等手段,来鼓励企业加大对研发、人才培养等方面的投入,从而推动产业结构的升级和转型。此外,财政政策还可以通过货币政策来影响产业结构。政府可以通过调整利率、存款准备金率等货币政策工具,来影响企业的融资成本和投资决策,从而促进产业结构向更高效、更合理的方向发展。例如,政府可以通过降低利率来降低企业的融资成本,从而鼓励企业增加投资,扩大生产规模,提高生产效率,进而推动产业结构优化。最后,财政政策还可以通过制定相关政策法规来促进产业结构优化。政府可以通过制定有利于产业发展的政策法规,如税收优惠政策、产业扶持政策等,来吸引更多的企业进入相关领域,从而促进产业结构的优化和升级。同时,政府还可以通过加强监管、规范市场秩序等手段,来促进市场的公平竞争和产业的健康发展,从而推动产业结构向更加健康、稳定的方向发展。

财政政策在推动产业结构优化方面发挥着重要的作用。通过财政支出政策、财政收入政策、货币政策以及相关政策法规的制定和实施,政府可以有效地促进产业结构的优化和升级,推动经济的可持续发展。

(四)财政政策对技术创新的影响

1. 财政政策如何促进技术创新

财政政策在促进技术创新方面起着至关重要的作用。首先,政府可以通过提供财政补贴、税收优惠等措施来激励企业进行技术创新活动。这些政策可以降低企业进行技术研发的成本,提高其投资回报率,从而激励企业增加对技术创新的投入。其次,政府可以通过设立科技基金、研发资助计划等方式,为企业提供资金支持,帮助他们进行技术研发和试验。这不仅可以缓解企业的资金压力,还可以促进科技成果的转化和应用,加快技术创新的进程。此外,政府还可以通过加强知识产权保护、促进产学研合作等方式来为技术创新创造良好的环境。知识产权保护可以保护企业的技术创新成果,激励企业不断进行创新。产学研合作则可以促进学术界、企业界和研究机构之间的交流与合作,共同推动技术创新的发展。最后,政府还可以通过制定相关政策法规,为技术创新提供良好的政策环境。例如,政府可以制定有利于技术创新的税收政策、产业政策等,为技术创新提供政策支持和保障。财政政策在促进技术创新方面具有重要的作用。政府可以通过多种方式来激励企业进行技术创新活动,为技术创新创造良好的环境,推动经济社会的可持续发展。

2. 技术创新对经济增长的贡献

技术创新对经济增长的贡献是显而易见的。首先,技术创新能够提高生产效率,降低生产成本,从而增加企业的利润和国家的税收收入。通过引入新的生产技术、工艺和设备,企业可以减少人力和物力的投入,提高资源的利用效率,进而提高产出水平。这不仅有利于企业的发展,也为国家经济的发展提供了强大的动力。其次,技术创新能够推动产业升级和转型。在传统产业面临资源短缺、环境污染等问题时,技术创新为产业升级提供了新的解决方案。通过研发新的产品、服务和生产方式,企业可以适应市场需求的变化,提高产业附加值,实现经济的可持续发展。此外,技术创新还能促进就业增长。随着经济的发展,对劳动技能和素质的要求越来越高。技术创新不仅创造了新的就业机会,也为劳动者提供了更好的职业培训和发展空间。这不仅有利于提高劳动者的收入水平,也有利于社会的稳定和繁荣。最后,技术创新对经济增长的贡献不仅仅局限于经济领域。它还涉及社会、环境等多个领域,如绿色技术的研发和应用能够促进环保和可持续发展,信息技术的普及和应用能够提高教育、医疗等公共服务的质量和效率。因此,技术创新是推动经济增长和社会进步的重要力量。

第二节　财政税收在经济管理中的作用和影响

一、财政税收可以调节市场经济,优化资源配置

国家在调节市场经济活动方面具有重要的作用。首先,国家可以通过调整税率来影响市场参与者的经济行为。税率的高低直接关系企业的利润和个人的收入,因此,国家可以通过调整税率来引导市场参与者进行合理的资源配置,促进资源的有效利用。例如,对于高污染、高能耗的企业,国家可以采取较高的税率,以鼓励其转向环保、节能的生产方式;而对于那些具有发展潜力的新兴产业,国家可以给予一定的税收优惠,以促进其发展壮大。其次,税收政策也是国家调节市场经济活动的重要手段之一。税收政策包括税收种类、征收方式、税收优惠等方面的规定。国家可以通过调整税收政策来引导市场参与者进行投资、生产和消费,从而促进经济的可持续发展。例如,对于那些有利于环境保护、科技创新、社会福利等方面的产业和项目,国家可以给予税收优惠,以鼓励市场主体积极参与;而对于那些不利于可持续发展的产业和项目,国家可以采取相应的税收措施,以抑制其发展。国家通过调整税率、税收政策等方式来调节市场经济活动,不仅可以引导市场参与者进行合理的资源

配置,还可以促进经济的可持续发展。

二、财政税收可以调节收入分配,促进社会公平

通过个人所得税、企业所得税等税收手段,国家可以有效地调节社会成员的收入水平。这些税收政策不仅是对高收入人群的一种约束,也是对低收入人群的一种保障。首先,对于高收入人群,国家可以通过一定的税收减免政策,鼓励他们为社会做出更多的贡献,也能够减轻他们的经济压力。这种调节机制可以有效地缩小贫富差距,避免贫富差距过大导致社会矛盾的激化。其次,对于低收入人群,税收政策可以提供一定的经济支持,帮助他们更好地应对生活中的各种困难。这种支持可以有效地提高他们的生活水平,增强他们的生活信心,从而促进社会的和谐发展。除了调节收入水平,税收手段还可以为国家提供稳定的财政收入,支持国家各项公共事业的发展。国家可以通过合理的税收政策,确保财政收入的稳定增长,从而更好地满足人民群众的基本需求,提高人民的生活水平。当然,税收政策的制定和实施需要综合考虑各种因素。除了经济因素之外,还需要考虑社会、文化等方面的因素。同时,也需要广泛听取各方面的意见和建议,不断完善税收政策,以实现更好的社会公平和稳定。

三、财政税收可以增加国家财政收入,保障国家经济安全

税收是国家财政收入的主要来源之一,这一点不容忽视。作为国家经济运行的基石,财政收入对于国家的稳定和发展至关重要。通过有效的税收管理,我们可以确保国家的财政收入合理、有序地管理和运用,为国家的经济建设和各项事业发展提供资金保障。税收是国家财政收入的主要来源,这不仅是因为税收是政府获取财政收入的重要手段之一,更是因为税收是国家进行经济调控的重要工具之一。通过合理的税收政策,政府可以引导市场主体的行为,促进经济的健康发展。同时,税收也是国家进行基础设施建设和社会福利事业发展的重要资金来源。有效的税收管理对于保障国家的财政收入至关重要。税收管理不仅仅是税务机关的工作,更是全社会共同的责任。只有全社会共同参与,形成良好的税收环境,才能确保国家的财政收入得到有效保障。同时,有效的税收管理还可以提高税收的征收效率和质量,减少税收流失和偷税漏税现象的发生。税收对于国家的经济建设和各项事业发展具有重要

意义。国家的经济建设和各项事业发展需要大量的资金支持。通过合理的税收政策,政府可以引导市场主体投资于国家需要的发展领域,促进经济的均衡发展。同时,税收也是国家进行宏观调控的重要手段之一,通过合理的税收政策,政府可以调节市场供求关系,稳定物价水平,促进经济的平稳运行。

税收是国家财政收入的主要来源之一,通过有效的税收管理,可以保障国家的财政收入,为国家的经济建设和各项事业发展提供资金保障。因此,全社会应该共同参与税收管理,形成良好的税收环境,为国家的发展贡献力量。

四、财政税收可以调控经济运行,促进经济稳定发展

国家确实可以通过税收手段来调节总需求和总供给,以保持经济的稳定增长。这是一种常见的经济政策工具,被广泛用于调控经济活动。当经济过热时,即通货膨胀压力增大,国家可能会采取增加税收的措施。税收是政府收入的一种主要来源,通过增加税收,政府可以减少社会总需求,从而控制通货膨胀。这有助于稳定物价,避免经济过热带来的负面影响,如经济泡沫和金融风险。而在经济衰退时,国家可以通过减税来刺激总需求,促进经济的复苏。减税可以降低个人和企业的负担,增加他们的可支配收入,进而增加消费和投资,从而带动总需求的增长。这有助于推动经济增长,创造就业机会,提高人民的生活水平。此外,税收政策还可以通过鼓励或抑制特定行业或领域的投资来达到特定的经济目标。例如,对于绿色产业、高科技产业等国家鼓励发展的领域,可以通过减税或其他优惠政策来鼓励更多的投资。而对于高污染、高能耗的行业,则可以通过提高税收来限制其发展,以实现经济的可持续发展。税收政策是一种灵活且有效的经济调控手段,可以帮助国家实现经济的稳定增长和可持续发展。然而,政策的制定和实施需要综合考虑多种因素,如财政状况、社会公平、经济发展阶段等,以确保税收政策的有效性和可持续性。

五、财政税收可以保障国家税收安全,防范税收风险

为了确保国家的税收安全,建立健全的税收征管制度并加强税收监管是非常必要的。通过这种方式,我们可以有效地防止漏税等行为的发生。漏税是指纳税人未能按照税法规定履行纳税义务,导致国家税收流失的行为。这种行为不仅损害了国家的税收利益,还可能导致税收制度的公平性和稳定性受到威胁。建立健全的税收征管制度需要制定明确的税收法规和政策,确保

纳税人的纳税义务得到明确规定和执行。同时,我们需要加强税收监管,通过各种手段和措施来监督和检查纳税人的纳税情况,确保他们按照税法规定履行纳税义务。这包括定期进行税收审计、加强税务稽查、建立举报机制等。通过加强税收监管,我们可以及时发现和纠正漏税等行为,防止其进一步扩大。同时,我们还可以通过税收监管发现税收制度中存在的问题和不足,从而及时进行调整和完善,确保税收制度的公平性和有效性。通过这些措施的实施,我们可以有效地防止漏税等行为的发生,维护国家的税收利益和税收制度的稳定。

第三节　经济管理与财政税收的相互关系与协调发展

一、经济管理与财政税收的相互关系

(一)财政税收对经济管理的影响

1.财政税收政策对经济运行的调控

财政税收政策是政府调控经济运行的重要手段之一,它通过调整税收的种类、税率、税收优惠等措施,来影响企业的投资、生产和消费行为,进而影响整个经济的运行。

首先,财政税收政策可以调节市场经济的运行。政府可以通过调整税收政策,引导企业投资方向,促进产业结构优化,推动经济发展。例如,对于高新技术产业、环保产业等绿色产业,政府可以给予税收优惠,鼓励其发展;而对于高污染、高能耗的企业,则可以采取更高的税率,限制其发展。其次,财政税收政策可以调节收入分配。税收是调节收入分配的重要手段之一,通过征收个人所得税、财产税等,可以调节贫富差距,促进社会公平。同时,政府还可以通过税收优惠政策,鼓励企业增加就业岗位,提高低收入群体的收入水平。此外,财政税收政策还可以促进资源的合理配置。政府可以通过税收政策,引导资源的流向,促进资源的合理配置。例如,对于稀缺资源,政府可以通过提高税率来限制其使用,财政税收政策在调控经济运行中发挥着重要的作用。

2.财政税收制度对市场秩序的维护

财政税收制度对市场秩序的维护起着至关重要的作用。首先,它能够有效地规范市场主体的行为,确保市场公平竞争。通过制定合理的税收政策,财政税收制度可以对不同类型的企业和个体进行区别对待,鼓励诚信经营,打击违法违规行为,从而维护市场秩序的稳定。其次,财政税收制度可以调节市场供求关系,促进资源的合理配置。在市场经济中,市场供求关系是不断变化的,而财政税收制度可以通过税收政策的调整,引导市场主体根据市场需求调整生产方向,避免资源的浪费和闲置。同时,财政税收制度还可以通过税收优惠措施,鼓励企业加大研发投入,提高产品质量和市场竞争力,推动产业升级和转型。此外,财政税收制度在维护市场秩序方面还可以发挥其他重要作用。例如,它可以为市场监管提供有力支持。通过税收手段,我们可以对市场进行监管,打击假冒伪劣、价格欺诈等违法行为,维护市场公平竞争的环境。此外,财政税收制度还可以为市场监管提供必要的资金支持,确保监管部门能够履行职责,确保市场秩序的稳定。

财政税收制度在维护市场秩序方面发挥着不可或缺的作用。它不仅可以通过制定合理的税收政策引导市场主体行为、调节市场供求关系、促进资源的合理配置,还可以为市场监管提供有力支持。因此,我们应该不断完善财政税收制度,确保其能够更好地服务于市场秩序的维护和发展。

为了实现这一目标,我们需要加强税收政策的科学性和有效性,加强对税收政策的监督和管理,确保其能够真正发挥维护市场秩序的作用。同时,加强与其他部门的合作,共同推动市场秩序的维护和发展。只有通过多方面的努力,我们才能确保市场秩序的稳定和健康发展。

(二)经济管理对财政税收的作用

1. 经济管理对税收收入的调节

经济管理在税收收入调节中起着至关重要的作用。首先,经济管理通过制定合理的税收政策来影响税收收入。税收政策是经济管理的重要组成部分,它涵盖了各种税种的设置、税率的高低、税收优惠政策的实施等各个方面。通过精心设计的税收政策,我们可以有效地引导企业和个人的经济行为,进而影响税收收入。例如,我们可以设定特定的税率来鼓励或限制某些特定的经济活动,如投资、消费、出口等。其次,经济管理还可以通过税收政策的调整来调节税收收入。随着经济形势的变化,税收政策也需要进行相应的调整。在经济低迷时期,我们可以通过降低税率、增加税收优惠等措施来刺激消费和投资,从而增加税收收入;而在经济繁荣时期,我们则可以通过提高税率、减少税收优惠等措施来抑制过度消费和投资,防止税收收入过度增长。这种灵活的税收政策可以有效地应对经济周期的变化,确保税收收入的稳定增长。此外,经济管理还可以通过税收收入的分配来调节社会公平。税收收入是社会财富分配的重要手段之一,通过合理的税收政策,我们可以有效地调节不同阶层之间的收入差距,促进社会公平。例如,我们可以对高收入人群征收更高的税款,同时对低收入人群提供一定的税收减免,这样可以减轻低收入人群的负担,同时增加高收入人群的税收负担。这种税收政策可以有效地缩小贫富差距,促进社会的和谐发展。

经济管理对税收收入的调节具有重要意义。为了实现税收收入的稳定增长和社会的和谐发展,我们需要加强对经济管理的重视,制定合理的税收政策。这不仅需要我们深入了解经济形势的变化,还需要我们具备敏锐的洞察力和果断的决策能力。只有这样,我们才能确保税收收入的合理分配,促进经济的发展,维护社会的公平与和谐。

2. 经济管理对财政支出的控制

经济管理在财政支出控制中的作用是非常重要的。随着经济的发展和社会的进步,财政支出已经成为政府和社会关注的焦点之一。经济管理通过制定合理的财政政策、优化资源配置、加强监管等方式,可以有效控制财政支出的规模和方向,从而促进经济的稳定增长和社会的发展。首先,经济管理可以通过制定合理的财政政策来控制财政支出。政府可以通过调整税收政策、财政补贴、债务发行等方式,引导企业和个人投资方向,优化资源配置,减少浪费和支出。同时,政府还可以通过预算管理和监督机制,确保财政资金的使用效率,避免浪费和滥用。其次,经济管理可以通过优化资源配置来控制财政支出。在市场经济条件下,资源的配置和利用效率直接关系到经济发展的质量和效益。经济管理可以通过市场机制的调节作用,引导企业和个人合理利用资源,提高资源的利用效率,从而减少不必要的财政支出。最后,经济管理还可以通过加强监管来控制财政支出。政府可以通过建立完善的监管机制和法律制度,加强对财政资金使用的监管和管理,确保财政资金的使用符合法律法规和政策要求,避免违规行为和腐败现象的发生。

二、财政税收与经济管理的协调发展

(一)政策协同

1. 财政税收政策与经济管理政策的协调

财政税收政策与经济管理政策是两个重要的经济调控手段,它们在经济发展中发挥着不同的作用,但也需要相互协调,以实现经济的稳定和可持续发展。

首先,财政税收政策是国家为了实现其经济和社会发展目标而采取的税收政策。它通过调整税收的种类、税率、税收优惠等措施来影响企业的投资、经营和消费行为,进而影响整个经济的运行。财政税收政策是国家进行宏观调控的重要工具,它可以帮助国家实现经济的平稳运行和社会的公平正义。其次,经济管理政策是国家为了实现经济目标而采取的一系列管理措施,包括产业政策、贸易政策、金融政策等。这些政策通过调整市场主体的行为,引导资源的合理配置,促进经济的健康发展。经济管理政策是国家进行市场调节的重要工具,它可以帮助国家实现经济的平衡发展,提高经济发展的质量和效益。然而,这两个政策之间也存在着一定的矛盾和冲突。财政税收政策的调整可能会影响企业的利润和投资热情,进而影响经济增长;而经济管理政策的调整则可能会影响市场的公平性和效率,进而影响财政税收收入。因此,如何协调这两个政策之间的关系,是当前经济政策制定中需要解决的一个重要问题。

为了实现财政税收政策和经济管理政策的协调,需要从以下几个方面入手。首先,需要加强政策之间的沟通与协调,避免政策之间的冲突和矛盾;其次,需要制定科学合理的经济政策,既要考虑国家的经济发展目标,又要考虑市场的实际情况;最后,需要加大政策的执行力度,确保政策的实施效果。只有通过科学合理的政策制定和执行,才能实现经济的高质量发展。

2. 税收优惠政策与产业政策的协同

税收优惠政策和产业政策在协同方面有着重要的意义。首先,税收优惠政策可以为产业政策的实施提供有力的支持。通过减免税收,可以降低企业的运营成本,提高其市场竞争力和营利能力,从而促进产业的发展。同时,税收优惠政策还可以吸引更多的企业进入特定产业领域,从而推动产业结构的优化和升级。其次,产业政策也需要与税收优惠政策相互配合。在制定产业政策时,需要考虑税收优惠政策的可行性和效果。例如,对于一些新兴产业或具有发展潜力的产业,可以制定相应的税收优惠政策,以鼓励企业投资和扩大生产规模。此外,产业政策还可以通过调整税收结构,引导企业向高附加值、高技术含量的领域发展,从而促进产业结构的升级和转型。然而,税收优惠政策和产业政策的协同也需要考虑一些问题。首先,税收优惠政策的实施需要考虑到财政承受能力和公平性问题。如果过度依赖税收优惠政策来促进产业发展,可能会对财政造成较大的负担,也可能导致不同地区和不同企业之间的不公平竞争。此外,还需要考虑到市场环境和经济形势的变化。随着市场环境和经济形势的变化,税收优惠政策也需要不断调整和完善,以适应经济发展的需要。这包括对税收优惠政策的调整、对特定产业的扶持力度、对新兴产业的支持方式等。只有不断适应变化,才能更好地发挥税收优惠政策和产业政策的作用,促进经济的可持续发展。

税收优惠政策和产业政策的协同是促进经济发展的重要手段之一。只有通过相互配合和协调,才能更好地发挥各自的优势,促进产业结构的优化和升级,推动经济的可持续发展。同时,也需要关注税收优惠政策和产业政策实施过程中的其他问题,如公平性、透明度、监管等,以确保政策的公正性和有效性。

(二)制度建设

1.完善财政税收制度,提高税收征管效率

完善财政税收制度,提高税收征管效率,是当前我国财政税收工作的重要任务之一。为了实现这一目标,我们需要从以下几个方面入手。

进一步完善财政税收制度。这包括完善税收法律法规,使其更具公平、公正和透明性,规范税收征管行为,避免不正当手段的出现,加大税收监管力度,确保税收制度的严格执行。同时,加强对税收政策的宣传和培训,通过各种渠道和方式,让纳税人了解税收政策,增强纳税人的纳税意识和遵从度,营造良好的税收环境。此外,加大对税收违法行为的打击力度,对偷税、漏税等行为进行严厉打击,维护税收秩序的稳定。

提高税收征管效率。这需要优化税收征管流程,简化纳税申报手续,使其更加便捷易行。同时,加强信息化建设,实现税收征管的信息化、智能化和自

动化,提高税务人员的业务素质和技能水平,使其能够更好地应对各种复杂的税收问题。此外,加强对税务人员的培训和管理,提高税务人员的专业能力和职业道德水平,确保税务人员能够公正、公平、公开地执行税收政策。

加强与其他部门的合作与协调。财政税收工作涉及多个部门和领域,如税务、公安、海关等,需要加强与其他部门的合作与协调,形成合力,共同推进财政税收工作的开展。同时,建立信息共享机制,实现数据互联互通,提高财政税收工作的效率和准确性。

完善财政税收制度,提高税收征管效率是一项长期而艰巨的任务。我们需要从多个方面入手,加大政策宣传、培训、监管和执法力度,营造良好的税收环境,促进财政税收工作的健康发展。同时,不断总结经验教训,不断完善和优化财政税收制度,使其更加符合我国经济社会发展的需要。

2. 优化经济管理制度,增强政策执行效果

优化经济管理制度是一个重要的任务,因为这直接关系着国家经济的发展和社会的稳定。现有的经济管理制度进行全面的评估,找出其中存在的问题和不足,并制定相应的改进措施。这不仅包括对管理制度的制定、执行、监督和评估等各个环节进行改进,增强其科学性和有效性,还需要考虑到管理制度与其他相关制度的协调和配合,形成一个完整的、系统的管理制度体系。加强对政策执行效果的监测和评估。政策执行是经济管理制度中的重要一环,只有确保政策全面、有效地执行,才能实现预期的经济和社会目标。因此,我们需要建立完善的监测和评估机制,定期对政策执行情况进行检查和评估,及时发现问题并采取相应的措施加以解决。这需要我们充分利用现代信息技术和数据分析方法,增强监测和评估的准确性和及时性。此外,注重提高政策执行人员的素质和能力。政策执行人员是政策执行的关键力量,他们的素质和能力直接影响着政策执行的效果。因此,我们需要加强对政策执行人员的培训和教育,提高他们的专业素质和管理能力,使他们能够更好地履行职责,确保政策全面、有效地执行。这需要我们为他们提供更多的学习机会和资源,使他们能够不断学习和进步。

优化经济管理制度和提高政策执行效果是一个系统工程,需要从多个方面入手。只有全面、系统地考虑问题,才能实现经济管理制度的优化和提高政策执行效果的目标。同时,加强与其他相关部门的合作与协调,形成合力,共同推动经济管理制度的优化和提高政策执行效果。只有这样,才能促进国家经济的发展和社会的稳定。

（三）监管与评估

1. 建立健全财政税收监管体系

建立健全财政税收监管体系是非常必要的,这是确保财政税收的合法性和透明度的关键。建立完善的税收法规和制度,确保税收政策的公平性和合理性。这需要我们深入研究和讨论现有的税收法规,找出其中的漏洞和不足,并制定出更加合理、公平的税收政策。加大税收监管力度,确保税收征收的准确性和及时性。这需要我们建立完善的税收监管机制,包括加强与税务机关的合作,加强对企业、个人和金融机构的监管。我们需要密切关注税收征收过程中的每一个环节,确保税收征收的准确性和及时性,避免出现偷税、漏税和逃税等违法行为。此外,加强对财政税收数据的分析和利用,以提高财政管理的效率和透明度。我们需要建立完善的财政税收数据管理系统,对财政税收数据进行定期的统计和分析,以便我们能够及时发现和解决财政管理中的问题。同时,加强对财政税收数据的保护,确保数据的安全和保密性。

建立健全财政税收监管体系是确保财政税收合法、透明和高效的重要措施之一。我们需要从多个方面入手,加强税收法规和制度的建设、加大税收监管力度、建立有效的税收监管机制、加强对财政税收数据的分析和利用,以确保财政管理的效率和透明度。只有这样,我们才能更好地保障国家的财政安全和稳定发展。

2. 加强对经济管理政策的评估与监测

为了加强对经济管理政策的评估与监测,我们需要采取一系列的措施。建立一个专门的评估团队,负责定期对各项经济管理政策进行评估,以确保政策的有效性和可行性。这个团队应该具备丰富的经济、法律和政策分析能力,以便对政策进行全面、客观的评估。

在建立评估团队的基础上,建立一套完善的监测机制,以便实时了解各项政策执行情况,以及政策对经济的影响。这包括定期收集和分析各项政策执行的数据,以及与相关部门和专家进行沟通,以确保我们能够及时发现和解决潜在的问题。此外,加强与其他国家和地区的合作,共同开展经济管理政策的评估和监测工作。通过分享经验和最佳实践,我们可以提高评估和监测的效率和准确性,从而更好地应对全球经济和政治环境的变化。在加强评估和监测的过程中,不断更新和优化方法。随着经济形势和政策需求的不断变化,我们需要引入新的评估指标和方法,以确保我们能够及时发现和解决经济管理政策中存在的问题。同时,定期对评估结果进行反馈和调整,以便我们能够根据实际情况及时调整策略和方法。

　　加强对经济管理政策的评估与监测,需要我们采取一系列的措施,包括建立评估团队、建立监测机制、加强合作以及不断更新和优化方法。只有这样,我们才能更好地应对经济环境的变化,确保经济管理政策的科学性和有效性。同时,注意以下几点:确保评估和监测工作的独立性和客观性,避免受到其他因素的干扰;根据实际情况灵活调整策略和方法,以适应不断变化的经济形势和政策需求;注重与其他国家和地区的合作与交流,共同应对全球经济和政治环境的变化。只有这样,我们才能更好地推动经济管理政策的科学化和规范化,为经济发展和社会进步做出更大的贡献。

第四章　财政管理改革与实践探索

第一节　预算管理改革与实践

一、预算透明度和公开性

预算,作为组织运营的重要一环,不仅关乎财务状况的稳定,更关系着整个组织的战略规划和发展方向。然而,预算的制定和执行过程往往较为复杂和敏感,公众对其的理解和信任程度往往较低。为了解决这一问题,提高预算的透明度和公开性成为关键。公开预算文件,让公众能够直接接触到预算的具体内容,了解预算的各项支出和收入。这不仅有助于公众理解预算的构成和用途,也有助于组织内部的公平性和透明度。同时,公开预算文件也有助于防止腐败和滥用职权等问题的发生。提供在线访问预算数据的方式也是提高预算透明度的重要手段。通过在线平台,公众可以随时随地查阅预算数据,不受时间和地点的限制。同时,在线平台还可以提供数据分析工具,帮助公众更好地理解预算数据背后的意义和趋势。然而,公开预算并不意味着完全开放所有的信息。在保护个人隐私和商业机密的同时,我们需要确保公众能够理解和信任预算过程。因此,我们需要在公开和保密之间找到一个平衡点。

此外,提高公众对预算过程的信任度并非一蹴而就的过程,需要长期的宣传和教育。我们可以通过各种媒体渠道,如社交媒体、电视、广播和报纸等,向公众普及预算知识,解释预算过程和决策背后的逻辑,让公众明白预算的制定和执行是为了实现组织的长期发展目标。

提高预算的透明度和公开性是增强公众对预算过程的理解和信任的有效途径。这不仅可以提升公众对政府的信任度,也有助于提高公共资源的利用效率。因此,我们应该积极采取措施,推动预算的公开化和透明化。

二、预算参与和公民参与

鼓励公民和利益相关者参与预算过程是一个非常重要的举措,因为它可以大大提升预算的透明度和有效性。通过这种方式,公民和利益相关者可以更好地了解预算的制定过程和预算资金的用途,从而对预算的制定和执行提出更合理的建议和意见。公民预算论坛是一种非常有效的参与方式,它可以让公民和利益相关者聚集在一起,共同讨论预算问题,提出自己的意见和建议。这种方式可以更好地平衡各种利益诉求,确保预算资金更好地服务于公共利益。此外,预算听证会也是一种非常有效的参与方式。在听证会上,公民和利益相关者可以就预算的制定和执行提出自己的意见和建议,并听取其他人的观点和意见。这种方式可以促进不同观点的交流和讨论,从而更好地平衡各种利益诉求,确保预算资金得到更加合理和有效的使用。公民和利益相关者对预算过程的参与不仅可以提升预算的透明度和有效性,也可以促进公民对公共事务的参与和了解。因此,我们应该积极推动这种参与方式,并加强与公民和利益相关者的沟通和合作。政府应该定期举办公民预算论坛和预算听证会等活动,让公民和利益相关者能够充分表达自己的意见和建议,也要积极倾听其他人的观点和意见。通过这种方式,我们可以确保预算资金能够更好地服务于公共利益,促进社会公平和正义的实现。

三、预算绩效管理

预算绩效管理是一种重要的财务管理方法,它可以帮助组织和确保资金的有效使用,避免资金的浪费和滥用。通过预算绩效管理,我们可以设定明确的绩效指标,这些指标可以反映资金的使用效果和效率,帮助我们更好地了解资金的使用情况。首先,建立评估机制是预算绩效管理的重要一环。定期对资金的使用情况进行评估,及时发现问题并采取相应的措施加以解决,是确保资金使用符合预期目标并取得实际成效的关键。这种评估机制不仅可以及时发现和纠正问题,还可以为未来的决策提供依据和参考。其次,预算绩效管理还可以帮助组织和优化资源配置,提高资金的使用效益。通过设定合理的绩效指标和评估机制,我们可以更好地了解哪些项目或活动是有效的,哪些是无效的,从而将有限的资源投入到最能产生效益的地方。这不仅可以提高资金的使用效益,还可以促进组织的可持续发展。此外,预算绩效管理还可以帮助我们更好地了解和掌握财务状况,及时发现潜在的风险和问题。通过科学合理的预算绩效管理方法,我们可以确保财务管理工作更加科学、规范和高效,为组织的可持续发展提供有力保障。

四、预算技术创新

随着现代技术的不断发展,大数据和人工智能等先进技术已经逐渐渗透到我们生活的方方面面。在预算管理领域,这些技术的应用也为我们带来了许多新的可能性和改进空间。首先,大数据技术为预算管理提供了前所未有的数据支持。传统的预算管理方式往往依赖于有限的财务数据和人工估算,这不仅容易受到人为因素的影响,而且难以全面覆盖各种预算需求。而大数据技术则可以通过收集和分析大量的财务和非财务数据,帮助我们更好地理解和预测预算需求。通过数据分析工具,我们可以发现隐藏在数据背后的规律和趋势,从而为预算决策提供更加科学和准确的依据。例如,通过对历史数据的分析,我们可以发现某些业务领域的预算支出规律,从而更好地预测未来的预算需求。同时,大数据技术还可以帮助我们发现潜在的风险和问题,及时调整预算策略,避免浪费和损失。其次,人工智能技术在预算管理中的应用也为我们带来了许多新的可能性。人工智能可以通过机器学习和深度学习等技术,自动分析和处理大量数据,为我们提供更加智能化的预算决策支持。例如,人工智能可以通过分析员工的绩效数据和业务需求,自动生成预算建议和调整方案,提高预算管理的效率和准确性。

此外,人工智能还可以通过自动化和智能化的流程,减少人工干预和错误的可能性,降低预算管理的成本和风险。同时,人工智能还可以与其他管理系统进行集成,实现数据共享和信息互通,提高整个企业运营的效率和协同性。

利用现代技术如大数据和人工智能等,可以改进预算管理过程,提高效率和准确性。数据分析工具能帮助我们更好地理解和预测预算需求,人工智能技术则可以为我们提供更加智能化和自动化的预算决策支持。未来,随着技术的不断发展和应用,预算管理将更加智能化、高效化和精准化,为企业的发展提供更加有力的支持和保障。

五、跨部门合作与协调

加强不同部门之间的合作与协调是确保预算管理一致性和有效性的关键。为了实现这一目标,我们可以采取以下措施:首先,建立跨部门工作小组是至关重要的。这个小组应该由来自不同部门的代表组成,他们应该能够代表各自部门的核心利益,并能够就预算问题进行沟通和协调。通过这种方式,我们可以确保预算管理的决策过程更加透明和公正,避免出现部门之间的利益冲突和分歧。其次,定期召开协调会议也是非常必要的。这些会议应该定期举行,以确保不同部门之间的信息共享和沟通畅通。在会议上,各部门应该就预算执行情况、存在的问题和挑战进行深入讨论,并共同寻找解决方案。通过这种方式,我们可以及时发现问题并采取相应的措施,确保预算管理的一致性和有效性。此外,加强预算管理的培训和教育也是非常重要的。这可以帮助员工更好地理解预算管理的目的和意义,以及他们在预算管理过程中的角色和责任。通过培训和教育,我们可以增强员工的预算意识和参与度,使他们更加积极地参与到预算管理中来。最后,建立有效的反馈机制也是非常关键的。这可以帮助我们及时了解预算管理的执行情况,以及不同部门之间的合作效果。通过反馈机制,我们可以发现存在的问题和不足,并采取相应的改进措施。同时,我们还可以根据反馈结果对预算管理制度和方法进行调整和完善,以更好地适应实际情况。

六、长期预算规划

当我们面对未来的挑战和机遇时,长期预算规划方法可以帮助我们和组织更好地应对。这种方法的重要性在于它提供了一种系统的方法,用于制定多年期预算和进行长期经济预测,从而帮助我们更好地理解和应对未来的经济环境。首先,长期预算规划要求我们对未来的经济环境进行深入的研究和分析。这包括对各种可能的经济趋势、政策变化、技术进步等因素的考虑。通过这种方式,我们可以更好地预测未来的经济状况,从而制定出更符合实际情况的预算。其次,长期预算规划有助于我们更好地应对未来的机遇。在未来的经济环境中,总会有一些新的机遇等待我们去发现和利用。

为了实现长期预算规划的目标,我们可以采取多种方式。制订多年期的预算计划,这需要我们对未来的经济环境有深入的了解和预测。定期对预算进行审查和调整,以适应不断变化的经济环境。建立一套有效的监控和评估机制,以确保预算的执行效果。长期预算规划方法是一种非常有价值的工具,可以帮助我们和组织更好地应对未来的挑战和机遇。通过深入研究和预测未来的经济环境,制订出符合实际情况的预算计划,并定期进行审查和调整,我们能够更好地抓住未来的机遇,更好地应对未来的挑战。这种方法不仅有助于我们做出更明智的决策,也有助于我们实现组织的长期目标。

七、学习和持续改进

不断学习和改进预算管理实践是提高预算管理水平的关键。这是我们所有财务专业人员必须时刻牢记的重要原则。预算管理的效果直接影响企业的运营效率和经济效益,因此,我们必须不断优化预算管理流程,提升预算管理水平。要实现这一目标,参加培训课程是必不可少的。培训课程可以让我们接触到最新的预算管理理念和方法,了解行业内的最新动态,从而让我们能够更好地应对不断变化的市场环境。通过培训,我们可以掌握更高效、更科学的预算编制和管理技巧,使预算管理更加精准、更加科学。除了参加培训课程,分享最佳实践也是一个非常有效的方法。在工作中,我们可能会遇到一些成功的预算管理案例,这些案例可以成为我们分享和学习的对象。通过与其他财务人员分享这些成功经验,我们可以互相学习、互相启发,从而更好地提升预算管理水平。此外,进行定期评估也是提高预算管理水平的重要手段。通过定期评估,我们可以了解预算管理的执行情况,发现存在的问题和不足,从而及时进行调整和改进。评估还可以帮助我们找出预算管理中的薄弱环节,以便我们能够更有针对性地进行改进。提高预算管理水平需要我们不断地学习和改进。通过参加培训课程、分享最佳实践、进行定期评估等方式,我们可以更好地掌握预算管理的新理念、新方法,更好地应对市场环境的变化,更好地提升预算管理水平。只有这样,我们才能更好地服务于企业的运营和发展,实现企业的经济效益和社会效益。

第二节 国库管理制度改革与实践

一、预算管理概述

(一)预算管理的概念与职能

1. 预算的编制、执行与监督

预算的编制、执行与监督是企业管理中非常重要的一环。具体来说,预算编制是指根据企业战略和经营目标,制订详细的财务预算计划,包括收入、成本、费用、利润等方面的预测和规划。在预算编制过程中,企业需要综合考虑各种因素,如市场环境、竞争状况、客户需求、产品定价、人力资源等,以确保预算的合理性和可行性。同时,预算编制还需要遵循一定的原则和方法,如全面性、重要性、适当性、灵活性等。这些原则和方法可以帮助企业确保预算的准确性和有效性,从而更好地指导企业的财务管理和决策。预算执行是预算管理的关键环节之一,需要各部门和岗位密切配合,确保预算计划的顺利实施。在执行过程中,企业需要建立完善的内部控制体系,加强监督和考核,及时发现和解决问题,确保预算执行的准确性和效率。同时,企业还需要对执行过程进行定期评估和反馈,以便及时调整和优化预算计划。最后,关于监督环节,企业需要建立完善的监督机制和考核体系,对预算执行情况进行定期评估和反馈。企业还需要加强内部审计和外部审计的结合,确保监督的有效性和公正性。只有通过这种方式,才能确保企业预算目标的实现,并及时发现和纠正偏差,确保企业的财务健康和可持续发展。此外,企业还需要加强员工培训和教育,提高员工对预算管理重要性的认识和参与度。只有当全体员工都认识到预算管理的重要性并积极参与其中时,才能真正发挥预算管理的作用,为企业的发展和壮大提供有力保障。

2. 预算管理的对象与主体

预算管理在企业管理中占据着举足轻重的地位,它是企业管理体系中不可或缺的一部分。预算管理不仅关乎企业的财务状况,更涉及企业的各个部门和员工,它贯穿于企业整体的经营活动中。预算管理的主要对象和主体包括以下几个方面。

首先,预算管理的对象是企业整体的经营活动。这意味着预算管理并非单一部门的工作,而是企业各个部门都需要参与的活动。预算管理涉及企业的方方面面,需要企业所有部门和员工共同参与,共同制订预算计划,并按照计划执行。只有当所有部门都积极参与到预算管理中来,才能确保预算计划的合理性和可行性。其次,预算管理的主体是企业的管理层和财务部门。管理层负责制订预算计划,并监督预算执行情况。在这个过程中,管理层需要综合考虑企业的内外部环境、资源状况以及未来发展目标,制订出符合企业实际情况的预算计划。财务部门则负责编制预算报表,分析预算执行情况,并及时向管理层提供反馈和建议。此外,财务部门还需要与其他部门紧密合作,确保预算计划的顺利执行。最后,预算管理的对象和主体还包括企业的股东和投资者。企业需要定期向股东和投资者提供详细的财务报告,包括预算执行情况、财务状况和盈利能力等。这些报告能够让股东和投资者了解企业的经营状况和发展前景,从而做出明智的投资决策。股东和投资者的满意度和信任度对于企业的长期发展至关重要,因此,提供高质量的财务报告是预算管理的重要一环。

预算管理是企业经营中不可或缺的一部分,它涉及企业的各个部门和员工,需要管理层、财务部门以及股东和投资者的共同参与。通过科学合理的预算管理,企业可以更好地规划和管理资源,提高经营效率,实现可持续发展。同时,预算管理也是企业与股东和投资者之间建立信任关系的重要途径,对于企业的长期发展具有重要意义。

(二)预算管理的原则与方法

1. 预算管理的原则

预算管理是企业管理中非常重要的一部分,它涉及企业的财务规划、资源分配和决策制定。为了确保预算管理能够发挥其应有的作用,企业需要遵循一些基本原则。以下是预算管理的一些主要原则。

(1)全面性原则:预算管理是企业财务管理的重要组成部分,它需要覆盖企业的所有部门和业务,以确保企业资源的合理分配和有效利用。这包括生产、销售、研发、人力资源等各个部门,这些部门在企业的运营和发展中都扮演着重要的角色。因此,预算的制定需要全员参与,包括高层管理者、中层管理者和基层员工。高层管理者需要从战略的角度出发,制定预算的大方向和总体目标,并确保预算的可行性和可实现性。中层管理者则需要根据高层管理者的指导,将预算目标分解到各个部门和岗位,并监督预算的执行情况。基层员工则需要在日常工作中,根据预算的要求,合理使用资源,控制成本,提高效率。通过全员参与预算管理,企业可以更好地了解自身的资源状况,更好地规划未来的发展,更好地应对市场变化和风险挑战。同时,预算管理也可以帮助企业建立良好的内部控制体系,提高企业的管理水平和效率,增强企业的竞争力和可持续发展能力。

(2)战略导向原则:预算管理的目标应该与企业的战略目标保持一致。这是因为预算管理是企业战略实施的重要工具,它可以帮助企业确保资源分配与战略目标的实现相匹配,从而确保企业的长期发展。通过预算管理,企业可以制订出详细的预算计划,明确各项资源的分配和使用,并确保这些资源的使用与企业的战略目标保持一致。这样,企业就可以更好地控制成本,提高效率,实现资源的优化配置,从而更好地支持企业的长期发展。此外,预算管理还可以帮助企业更好地了解自身的财务状况,及时发现潜在的风险和问题,并采取相应的措施加以解决。这样,企业就可以更好地应对市场变化和竞争压力,保持稳定的发展态势。因此,企业应该将预算管理作为一项重要的管理工具,将其纳入企业的战略规划中,并与企业的战略目标保持一致。

(3)公开透明原则:预算管理是企业管理中非常重要的一部分,它涉及企业的资金分配和支出,直接影响企业的运营和发展。因此,公开透明地管理预算是非常必要的。首先,公开透明的预算管理可以让所有员工了解预算的制定过程和目的。这样,员工们可以更好地理解预算背后的逻辑和决策依据,从而增强他们对企业的信任感和归属感。这种信任感和归属感能够激发员工的工作积极性和创造力,提高企业的整体绩效。其次,让员工了解预算的制定过程和目的,也有助于提高预算的执行效果。员工们能够更好地理解预算的优先级和重点,从而更有针对性地开展工作,避免资源的浪费和无效支出。同时,员工们也能够更好地反馈问题和建议,帮助企业不断优化预算管理制度,提高预算管理的效率和准确性。最后,公开透明的预算管理也有助于建立良好的企业文化。在一个透明、公正、公平的环境中工作,员工们会感到更加安心和有归属感。这种企业文化能够激发员工的创新精神和团队合作精神,促进企业的长远发展。因此,企业管理者应该注重公开透明地管理预算,让所有员工了解预算的制定过程和目的,从而增强企业的凝聚力和竞争力。

(4)科学性原则:制定预算是一项需要严谨对待的工作,需要基于科学的方法和数据,以确保预算的准确性和可行性。首先,企业应该采用科学的方法和工具,如财务分析、市场调查等,对企业的财务状况和市场环境进行深入了解和分析。通过这些方法,企业可以更好地了解自身的财务状况和市场趋势,从而制定出更加科学、合理的预算。其次,企业应该注重数据的收集和分析。数据是制定预算的基础,只有准确的数据才能为预算的制定提供可靠的依据。企业可以通过各种渠道收集数据,如财务报表、市场调查、竞争对手分析等,并对这些数据进行深入分析和研究,以确保数据的准确性和可靠性。此外,企业还应该注重预算的可行性。制定预算不仅要考虑企业的财务状况和市场趋势,还要考虑企业的实际能力和资源。企业应该根据自身的实际情况,制定出符合自身发展需求的预算,避免过度追求高目标而忽视了实际情况。企业应该采用科学的方法和工具,注重数据的收集和分析,同时考虑预算的可行性,以确保预算能够为企业的发展提供有力的支持。

（5）弹性与稳定性并存原则:预算制定应当具有一定的弹性,以便应对突发事件和市场的变化。然而,这并不意味着预算可以随意调整,因为频繁地变动可能会影响组织的稳定性和决策的可追溯性。因此,预算也需要保持一定的稳定性,以确保资源的稳定分配和决策的连续性。在应对突发事件时,弹性预算可以提供足够的灵活性,以便在需要时迅速做出反应。然而,这种灵活性不应导致预算的大幅度波动,因为这可能会影响组织的长期规划和预算的可预测性。此外,预算的稳定性也有助于确保资源的稳定分配和决策的可追溯性。如果预算经常变动,那么资源的分配和决策过程可能会变得混乱,难以追踪。保持预算的稳定性可以确保决策者能够清晰地了解预算分配的原因和目的,从而为未来的决策提供参考。预算制定需要保持一定的弹性和稳定性,以应对突发事件和市场变化,同时确保资源的稳定分配和决策的可追溯性。组织需要权衡各种因素,制定出既灵活又稳定的预算,以支持组织的长期发展。

2. 预算管理的方法与技术

（1）制定全面预算管理的策略。

在进行全面预算管理之前,企业应该首先明确自身的战略目标和规划方案。战略目标是企业未来的发展方向和定位,是预算管理的基础和导向。通过明确战略目标,企业可以更好地把握预算管理的方向和重点,确保预算管理策略与企业的整体战略相一致。同时,企业应该根据自身的实际情况制定具体的规划方案,包括预算管理的具体措施、实施步骤、时间安排等。规划方案应该具有可行性和可操作性,能够为制定预算管理策略提供有益的参考。除了明确战略目标和规划方案外,企业还需充分了解内外部环境情况,以制定更加科学合理的预算管理策略。内部环境包括企业的组织结构、人员配置、生产能力等,外部环境包括市场竞争、政策法规、客户需求等影响因素。企业应该对这些因素进行深入分析和研究,了解市场变化和趋势,以便及时调整预算管理的策略和措施。在市场竞争日益激烈的今天,企业应该注重提高自身的核心竞争力,不断优化预算管理策略,以适应市场变化和客户需求。因此,企业应该加强与同行业企业的交流与合作,学习借鉴先进的管理经验和模式,不断完善自身的预算管理机制和体系,增强预算管理的科学性和有效性。只有这样,企业才能在激烈的市场竞争中立于不败之地,实现可持续发展。

（2）建立全面预算管理的指导机制。

为了增强全面预算管理的有效性,企业应当建立一套全面预算管理的指导机制,包括以下几个关键环节。

首先,企业需要制订详细的预算计划。预算计划应当根据企业的实际情况和市场环境进行制订,既要考虑企业的长期发展战略,又要兼顾短期经营目标。同时,预算计划的制订应当遵循科学、合理、公正、公平的原则,确保计划的可行性和有效性。其次,企业应当严格执行预算计划。在执行过程中,企业应当严格按照预算计划进行资源分配和资金调度,确保各项预算指标得到有效执行。同时,企业应当加强内部控制,防止出现人为因素导致的预算偏差。再次,企业应当建立预算监督机制。通过定期对预算执行情况进行监督和评估,及时发现和解决存在的问题,确保预算计划的准确性和有效性。同时,企业应当建立相应的奖惩机制,对表现优秀的部门和个人给予奖励,对未能完成预算目标的部门和个人进行问责。最后,企业应当积极适应市场变化,及时调整和完善预算计划。市场环境是不断变化的,企业应当根据市场变化及时调整预算计划,确保企业战略目标的实现。

建立全面预算管理的指导机制是增强全面预算管理有效性的关键。通过制订详细的预算计划、严格执行预算计划、建立预算监督机制以及积极适应市场变化,企业能够更好地应对市场变化,提高全面预算管理水平。

（3）收集全面预算管理的基础数据。

企业应该根据自身的实际情况,积极地去收集各种类型的数据,包括历史数据、市场数据、行业数据等,并且对这些信息进行详尽的分析和评估。这样做的原因在于,这些数据对于了解企业的经营状况和市场形势至关重要。通过分析这些数据,企业可以更好地理解市场趋势和竞争环境,从而为制定更加科学合理的预算计划提供依据。具体来说,企业应该定期收集和分析历史数据,以便了解企业在过去一段时间内的表现和业绩。这些数据可以帮助企业识别出自身的优势和不足,从而为未来的发展提供参考。同时,企业也应该关注市场数据,了解竞争对手的动态和市场趋势。这些信息可以帮助企业调整自身的战略和策略,以适应市场的变化。此外,行业数据也是非常重要的,因为它们可以帮助企业了解行业的整体趋势和前景。在收集和分析数据的过程中,企业应该注重数据的准确性和可靠性。如果数据不准确或不可靠,那么分析结果也将失去意义。因此,企业应该选择可靠的来源和渠道来获取数据,并且对数据进行验证和校准。最后,企业应该将分析结果与预算计划结合起来。通过将分析结果应用于预算计划中,企业可以更好地预测未来的发展趋势,并且为未来的发展制定更加科学合理的战略和策略。这样做不仅可以提高企业的竞争力和营利能力,还可以为企业的可持续发展打下坚实的基础。

(4)制订全面预算计划。

在进行全面预算计划的制订时,企业首先需要收集所有相关的数据。这些数据可能来源于财务报告、市场调查、客户反馈等各个方面,只有充分了解企业当前的情况和市场环境,才能制订出符合实际情况的预算计划。在收集完所有数据后,企业需要按照一定的原则和方法进行预算的制定。这些原则和方法包括但不限于法定财务预算、灵活预算等。其中,法定财务预算是指根据国家相关法律法规和政策文件的规定,对企业财务状况进行合理规划和管理。而灵活预算则是指在保证企业财务稳健发展的基础上,根据市场变化和企业实际情况,灵活调整预算计划。制订全面预算计划是一个需要综合考虑多种因素的过程。这些因素包括但不限于可行性、合理性、可操作性等。可行性是指预算计划是否符合企业的实际情况,是否具有可执行性;合理性是指预算计划是否能够合理分配企业的资源,是否能够实现企业的战略目标;可操作性则是指预算计划是否能够得到有效的监督和管理,是否能够及时进行调整和优化。为了保证预算计划符合企业的实际情况和市场环境,企业需要综合考虑各种因素,进行科学合理的分析和评估。同时,企业还需要根据市场变化和企业发展需求,及时调整和优化预算计划,以确保其适应不断变化的环境和需求。只有这样,企业才能制订出符合实际情况和市场环境的全面预算计划,实现企业的长期稳定发展。

(5)高效执行全面预算计划。

完成全面预算计划的制订后,企业需要将其付诸实施。这个阶段是至关重要的,因为只有通过实施,预算计划才能真正发挥其作用,帮助企业实现其战略目标。为了确保预算计划的顺利实施,企业需要建立高效科学的协作机制。在这个协作机制中,各部门之间需要紧密合作,共同推进预算计划的执行。同时,企业需要注重细节操作,确保每一个环节都得到妥善处理,避免出现任何可能导致预算计划执行受阻的问题。具体来说,企业需要关注以下几个方面:首先,预算计划的制订需要充分考虑企业的实际情况,确保其具有可操作性;其次,预算计划的执行过程中,需要建立有效的监控机制,及时发现并解决问题；最后，企业需要定期对预算执行情况进行评估，总结经验教训，不断完善预算计划。在全面预算计划的实施阶段，企业需要注重细节操作和高效科学的协作机制，以确保预算计划的正常执行。只有这样，企业才能更好地实现其战略目标，提高整体运营效率。

(6)监督全面预算执行。

为了使预算计划更加完善，并提高预算执行的效率，企业应当安排专人负责全面预算计划的监管工作。全面预算计划的监管工作，不仅是对预算执行过程的监督，更是对预算执行效果的评估和反馈。通过监管，企业可以及时发现预算执行中存在的问题和隐患，并采取有效的措施予以解决，从而确保预算计划的顺利执行。具体来说，全面预算计划的监管工作应包括以下几个方面：

首先，企业需要建立完善的监管机制，明确监管职责和流程，确保监管工作的规范化和制度化。其次，监管人员需要定期对预算执行情况进行检查和评估，及时发现问题和隐患，并采取相应的措施予以解决。同时，监管人员还需要对预算执行过程中出现的特殊情况进行分析和评估，提出相应的解决方案和建议。此外，企业还需要加强对预算执行人员的培训和管理，增强他们的预算执行意识和能力。只有通过全体员工的共同努力，才能确保全面预算计划的顺利执行和预算执行效果的不断提高。全面预算计划的监管工作是完善预算计划和增强预算执行效果的关键环节。企业应该高度重视这一工作，建立健全的监管机制，加强对预算执行人员的培训和管理，确保全面预算计划的顺利执行和预算执行效果的不断增强。

(7)及时调整和完善预算计划。

在预算执行的过程中，往往会出现许多不可预见的情况和问题。这些新的问题和情况可能会对原有的预算计划产生冲击，需要企业及时做出调整和完善。在这个过程中，企业需要保持高度的敏感性和应变能力，以便能够迅速应对各种变化。调整预算计划并非易事，它需要经过科学论证和充分讨论。企业需要深入分析新出现的问题和情况，了解其产生的原因和影响程度，以便制定出更加合理、有效的应对策略。同时，企业还需要与其他相关部门进行充分的沟通和交流，确保调整的预算计划能够得到其他部门的支持和认可，避免出现不必要的矛盾和冲突。在调整预算计划的过程中，企业还需要充分考虑市场环境和实际情况。市场环境的变化是影响企业预算执行的重要因素之一，企业需要及时了解市场动态，以便能够及时调整预算计划以适应市场变化。同时,企业还需要深入了解自身的实际情况,包括企业的财务状况、业务发展状况、人力资源状况等,以便能够制定出更加符合企业实际情况的预算计划。调整预算计划是企业应对市场变化和不可预见问题的重要手段之一。在这个过程中,企业需要保持高度的敏感性和应变能力,进行科学论证和充分讨论,确保调整的预算计划更加符合企业的实际情况和市场环境。只有这样,企业才能更好地应对各种挑战和风险,实现可持续发展。

(8)总结和评估全面预算管理工作。

全面预算管理工作完成后,企业需要对其成果进行全面的总结和评估。这项工作不仅是对过去工作的回顾,更是对未来工作的指导。总结和评估的内容应包括预算计划的质量、执行的效果、调整的情况等。预算计划的质量是评估全面预算管理工作的首要因素。预算计划是企业对未来一段时间内财务状况的预测,它反映了企业的战略目标和经营策略。因此,预算计划的质量直接关系到企业未来的发展方向和决策的正确性。企业需要仔细审查预算计划的制定过程,确保其符合企业的实际情况,并能够有效地支持企业的战略目标。执行的效果是全面预算管理工作的另一个重要方面。预算计划的执行是企业实现战略目标的关键步骤。企业需要评估预算计划的执行情况,包括预算的完成情况、实际支出与预算的差异、执行过程中的问题和困难等。通过分析这些数据,企业可以了解预算执行的效果,并找出改进的方法,以提高未来的执行效率。此外,企业还需要对预算调整的情况进行评估。预算调整是企业根据实际情况对预算计划进行调整的过程。企业需要评估预算调整的频率和幅度,以及调整的原因和影响。通过分析这些数据,企业可以了解预算调整对企业的影响,并制定相应的应对措施,以确保企业的财务状况始终保持在可控范围内。总结和评估全面预算管理工作的成果,可以为企业的未来工作提供有益的参考。企业可以根据过去的经验教训,优化未来的预算管理工作,提高企业的财务管理水平,促进企业的可持续发展。因此,企业需要认真对待总结和评估工作,确保全面预算管理工作的顺利进行。

二、预算管理改革的主要内容

(一)预算编制改革

1. 滚动预算与中期财政规划

滚动预算与中期财政规划是财务管理中非常重要的两个部分。在财务管理中,滚动预算和中期财政规划是非常关键的两个环节。首先,我们来了解一下滚动预算。这是一种定期更新的预算编制方法,它根据过去的数据和未来的趋势,不断更新和调整预算计划。企业通过这种方法可以更好地预测未来的市场变化和业务需求,从而更好地规划和管理财务资源。滚动预算的优势在于,它可以根据实际情况及时调整预算计划,确保财务资源的合理分配和利用。其次,中期财政规划是一种更长期的预算规划,通常涵盖了几年的财政期。这种规划可以帮助企业更好地预测和管理长期财政需求,包括投资、支出、税收等方面的规划。同时,这种规划还可以帮助企业更好地平衡短期和长期利益,确保财务状况的稳定和可持续性。中期财政规划需要考虑到各种不确定因素和风险,因此需要进行全面的分析和评估,以确保财务决策的正确性和有效性。在实践中,滚动预算和中期财政规划通常需要与其他财务管理方法相结合,如财务分析、财务预测、财务控制等。这些方法可以帮助企业更好地了解其财务状况,预测未来的趋势,并制定出更加科学、合理、有效的财务计划和决策。通过这些方法的有效运用,企业可以更好地掌握财务资源的使用情况,优化资源配置,提高财务管理的效率和效果。

2. 预算绩效导向的编制方法

预算绩效导向的编制方法是一种以绩效目标为导向的预算编制方法,它强调了预算资金的使用效率和效果,旨在提高政府部门的预算管理水平。这种方法的核心是设定明确的绩效目标,并根据这些目标来编制预算,同时对预算执行过程进行监督和评估,以确保预算资金的使用符合预期绩效目标。在预算绩效导向的编制方法中,政府部门需要首先确定绩效目标,这些目标通常包括预期成果、影响、效率、效果等方面的指标。这些目标需要具有明确性、可衡量性、可达成性、相关性和时效性等特征,以确保预算编制和执行过程的科学性和有效性。在编制预算时,政府部门需要考虑到各种因素,如人员、物资、场地、时间等资源的使用情况,以及预期的绩效目标。同时,还需要考虑到预算的分配和支出结构的合理性,以确保预算资金能够得到有效利用。在预算执行过程中,政府部门需要对预算执行情况进行监督和评估,以确保资金的使用符合预期绩效目标。这包括定期对预算执行情况进行审计和评估,及时发现和解决问题,确保预算资金的使用效率和效果。预算绩效导向的编制方法是一种科学、有效的预算编制方法,它强调了绩效目标的重要性,并通过对预算执行过程的监督和评估,确保预算资金的使用符合预期绩效目标。这种方法可以提高政府部门的预算管理水平,促进公共资源的合理配置和有效利用。

(二)预算执行改革

1. 国库集中收付制度改革

国库集中收付制度改革是一项重要的财政改革措施,其主要内容包括以下几个方面:

首先,改革的目标是建立和完善国库单一账户体系,实现财政资金的集中管理。这意味着所有的财政资金都将被纳入国库单一账户中,并通过该账户进行支付和收款。这样可以提高财政资金的使用效率,减少资金在途时间和滞留成本。其次,改革的核心是规范财政资金的支付行为。在改革之前,财政资金的支付流程比较烦琐,需要经过多个环节和审批程序。改革后,将简化支付流程,提高支付效率,同时加强对支付行为的监督和管理,防止腐败和违规行为的发生。此外,改革还包括加强预算管理和监督机制。预算是财政管理的核心,通过加强预算管理和监督机制,可以确保财政资金的使用符合预算要求,防止财政资金的浪费和滥用。同时,改革还将加强对财政资金使用的监督和管理,确保资金使用的合法性和合规性。最后,改革还需要建立和完善相关的配套措施和制度。例如,需要建立和完善国库集中收付信息系统,实现财政资金的实时监控和管理;需要完善相关法律法规和制度规范,为改革提供法律和制度保障;还需要加强财政人员的培训和管理,提高财政管理的专业水平和素质。国库集中收付制度改革是一项重要的财政改革措施,其目的是提高财政资金的使用效率和管理水平,促进财政管理的科学化和规范化。

2. 预算执行全过程监督

预算执行全过程监督是一项重要的管理任务,它涉及预算的制定、审批、执行、调整和评估等各个环节的监督和控制。这项任务的重要性不言而喻,它不仅关系着组织的资金使用效率,还直接影响组织的效率和效益。通过全过程监督,可以确保预算的合理使用和有效控制,避免浪费和滥用,也可以提高组织的资金使用效率,为组织的长远发展打下坚实的基础。在预算执行全过程的监督中,首先需要建立完善的内部控制机制。这意味着需要明确各部门的职责和权限,确保各部门之间的协调和合作。同时,需要建立有效的信息管理系统,及时收集和整理预算执行过程中的各种数据和信息,以便进行数据分析和管理决策。此外,内部审计和外部审计也是必不可少的环节,通过加大内部审计和外部审计的力度,可以确保预算执行的合规性和有效性。除了监督和控制,预算执行全过程还需要注重沟通和反馈。各部门之间需要加强沟通和协作,及时反馈预算执行过程中的问题和困难,共同寻找解决方案。同时,定期对预算执行情况进行评估和分析也是非常重要的。通过评估和分析,可以总结经验和教训,为未来的预算制定和执行提供参考和借鉴。预算执行全过程监督是一项重要的管理任务,需要建立完善的内部控制机制、有效的信息管理系统和加大内部审计和外部审计的力度,同时注重沟通和反馈。这些措施的实施不仅可以确保预算的合理使用和有效控制,还可以提高组织的效率和效益。因此,组织应该高度重视预算执行全过程的监督工作,并积极采取相应的措施来确保其顺利实施。

(三)预算决算改革

1.决算公开与透明

预算决算改革的公开与透明是至关重要的。只有当公众了解预算的详细情况,才能确保透明度和公正性。公开预算信息可以让公众更好地理解政府的支出计划,并确保资金用于最需要的地方。这种公开透明不仅有助于提高公众对政府的信任和支持,还能减少腐败和滥用资金的可能性,因为任何不正当行为都可能受到公众的监督和批评。因此,政府应该积极推动预算决算改革的公开与透明,以确保公众对政府工作的信任和支持。政府应该及时公开预算信息,让公众了解政府的财政状况和支出计划。此外,政府还应该加强监督和审计,以确保预算决算的准确性和可靠性。只有这样,我们才能建立一个更加公正、透明和可持续的财政体系。同时,政府还应该加强与其他政府机构的合作,共同推动预算决算改革的发展。政府应该与其他部门和机构合作,共同制定更加科学、合理的预算决算制度,以确保公共资源的合理分配和使用。此外,政府还应该加强与其他国家的合作,共同应对全球性的财政问题,如气候变化、贫困和不平等等。预算决算改革的公开与透明是建立公正、透明和可持续的财政体系的关键因素之一。政府应该采取一系列措施来加强这一改革,包括公开透明、监督和合作。通过这些措施的实施,我们不仅可以提高公众对政府的信任和支持,还能为未来的发展奠定坚实的基础。在具体实施过程中,政府应该积极与媒体、民间组织和其他利益相关者合作,共同推动预算决算改革的进程。政府应该定期公布预算信息,并确保信息的准确性和完整性。此外,政府还应该加强对预算决算的审计和监督工作,以确保资金使用的合理性和有效性。同时,政府还应该鼓励公众参与预算决策过程,让公众了解预算决策背后的意义和目的。预算决算改革的公开与透明是至关重要的,它不仅有助于建立公正、透明和可持续的财政体系,还能为未来的发展奠定坚实的基础。因此,政府应该采取一切必要的措施来确保这一改革的有效实施。

2. 决算评价与问责制度

(1)建立决算评价体系。

为了确保预算目标的实现和实际执行情况的有效监控,建立科学、合理的决算评价体系至关重要。该评价体系应全面、客观地评价预算执行效果,包括定量指标和定性指标,以全面反映预算执行情况。首先,定量指标是评价预算执行情况的重要工具,它们能够提供精确的数据支持,帮助我们更好地理解预算执行的实际效果。这些指标通常包括财务指标,如收入、支出、利润等,以及非财务指标,如生产效率、客户满意度等。通过这些指标,我们可以对预算执行情况进行量化分析,从而更好地了解预算执行的实际效果。然而,仅仅依靠定量指标是不够的。定性指标同样重要,它们能够提供更深入、更全面的评价。定性指标通常包括对预算执行情况的描述性分析、对执行人员的访谈、对关键成功因素的评估等。这些定性指标能够提供更全面的信息,帮助我们更好地理解预算执行过程中的问题和挑战,以及潜在的机会和优势。在建立评价体系时,我们需要考虑预算目标和实际执行情况的具体情况,以确保评价体系的科学性和合理性。例如,如果预算目标主要是关于财务方面的,那么定量指标可能更为重要;如果预算目标更注重长期战略或企业文化方面的建设,那么定性指标可能更为重要。建立科学、合理的决算评价体系是确保预算执行效果的关键步骤。通过全面、客观的评价体系,我们可以更好地了解预算执行情况,发现问题并及时调整策略,从而实现预算目标并提高企业的整体绩效。

(2)设立问责机制。

为了确保预算执行的力度和效果,对预算执行不力的部门或个人进行问责是非常必要的。问责机制应该明确责任主体、问责程序和处罚措施,以确保问责的公正性和有效性。具体来说,问责机制应该包括以下几个方面:

首先,责任主体应该明确。对于预算执行不力的部门或个人,应该明确其责任主体,并对其行为进行追责。责任主体应该承担相应的责任,包括行政、经济、纪律等方面的处罚。其次,问责程序应该公正、透明、规范。问责程序应该严格按照规定的程序进行,确保问责过程的公正性和透明度。同时,问责程序应该规范,避免出现随意性和主观性。最后,处罚措施应该合理、有效、公正。对于预算执行不力的部门或个人,应该根据其行为和后果采取相应的处罚措施,包括警告、通报批评、罚款、降级、解聘等。处罚措施应该与行为和后果相适应,确保其有效性和公正性。

建立完善的问责机制是确保预算执行力度和效果的关键。通过明确责任主体、规范问责程序和采取合理的处罚措施,可以确保问责的公正性和有效性,从而促进预算执行的力度和效果的提升。

(3)强化监督机制。

为了确保预算执行的规范性和有效性,企业需要采取多种方式对预算执行过程进行全程监督。具体来说,可以采取内部审计和外部审计相结合的方式,对预算执行过程中的各个环节进行全面审查和评估。内部审计是企业内部的一种自我监督机制,通过定期对财务报告和其他相关资料进行审核,及时发现和纠正预算执行中的问题,确保财务信息的真实性和准确性。同时,内部审计还可以提供一些建设性的意见和建议,帮助企业不断完善预算管理制度和流程。外部审计则是由外部审计机构或专业人员进行的审计活动,具有更加客观和中立的特点。企业可以聘请专业的会计师事务所或审计机构,对预算执行过程进行全面审计,并提供专业的审计报告和建议。这些报告和建议可以帮助企业更好地了解自身的预算执行情况,及时发现和纠正问题,提高预算管理的水平。除了内部审计和外部审计,企业还需要加强信息公开和透明度,接受社会监督。企业应该及时公开预算执行过程中的相关信息,如财务数据、项目进度等,以便社会公众和相关利益方了解企业的经营状况和财务状况。同时,企业还应该积极接受社会监督,及时回应社会关切和质疑,确保信息公开的真实性和准确性。通过以上措施的实施,企业可以更好地规范预算执行过程,提高预算管理水平,确保企业的健康稳定发展。同时,加强信息公开和透明度,接受社会监督也是企业社会责任的体现,有助于树立企业的良好形象和信誉。

三、主要的实践措施

(一)建立现代财政制度

预算管理改革是现代财政制度的重要组成部分,它对于建立全面规范、公开透明的现代预算制度起着至关重要的作用。这一改革旨在通过一系列的措施，逐步完善预算体系，加强预算绩效管理，推进预算标准化建设，从而使得预算管理更加科学、合理、透明。进一步完善预算体系，这包括扩大预算涵盖的范围，将更多的财政收入和支出纳入预算管理体系，确保预算的全面性和完整性。同时，加强对预算执行的监督和管理，确保预算资金的有效使用和合理分配。加强预算绩效管理，这意味着我们需要建立一套科学的绩效评价体系，对预算资金的使用情况进行全面、客观、公正的评价。通过这种方式，我们可以及时发现和解决预算管理中的问题，提高预算管理的效率和效果。推进预算标准化建设。这包括制定统一的预算编制标准、核算方法和报告格式，确保预算管理的规范化和标准化。同时，加强对预算执行过程的监督和管理，确保预算资金按照规定的用途和标准进行使用。预算管理改革是一项长期而艰巨的任务，需要我们不断探索和实践。只有通过不断完善预算体系、加强预算绩效管理、推进预算标准化建设等方面的改革措施，我们才能建立起全面规范、公开透明的现代预算制度，为财政管理的科学化和现代化奠定坚实的基础。

（二）优化财政支出结构

预算管理改革是一项重要的任务，它强调优化财政支出结构，确保资金的有效利用。在当前的财政环境下，优化财政支出结构是至关重要的，因为它有助于提高资金的使用效率，促进经济的可持续发展。具体来说，预算管理改革需要加大对重点领域和薄弱环节的支持力度。这些重点领域包括但不限于教育、医疗、社会保障、环境保护等关键领域，这些领域的支持力度直接关系着民生福祉和社会稳定。因此，加大对这些领域的投入，不仅可以提高人民的生活水平，还可以促进经济的健康发展。与此同时，预算管理改革还需要压缩一般性支出和"三公"经费。一般性支出是指那些相对次要的、非必要的支出，如公务接待、公务用车等费用。压缩这些支出可以减少浪费，提高财政资金的使用效益。同时，"三公"经费是指政府在公务出国、公务用车等方面的支出，压缩这些经费可以降低行政成本，提高政府的行政效率。当然，优化财政支出结构并不意味着可以忽视民生等重点支出的需要。相反，预算管理改革需要切实保障民生等重点支出的需要，确保人民群众的基本生活得到保障。这意味着在优化财政支出结构的同时，也需要关注人民群众的实际需求，确保资金能够真正用于改善人民的生活水平。只有这样，预算管理改革才能真正发挥其作用,促进经济的健康发展和社会稳定。

(三)强化预算约束

这一改革对于提高财政资金的使用效益和透明度具有重要意义。首先,预算管理改革需要强化预算约束,这意味着在编制预算时需要充分考虑各项支出,确保预算的合理性和可行性。同时,在执行预算时,需要严格按照预算计划执行,避免随意变更预算资金用途和追加预算的情况发生。这有助于确保财政资金的使用符合政策要求和法律法规,避免浪费和滥用财政资金的情况。其次,加强预算执行管理也是预算管理改革的重要内容之一。在执行预算的过程中,需要建立完善的监督机制和考核机制,确保预算执行的效果和质量。同时,需要加强与各部门之间的沟通和协调,确保预算执行过程中的信息透明和公开,提升公众对财政管理的信任度。此外,硬化预算刚性约束也是预算管理改革的重要措施之一。这意味着在执行预算的过程中,需要严格遵守预算计划,不得随意变更或调整预算资金用途。如果需要调整预算,需要按照规定的程序进行审批和调整,确保调整后的预算符合政策要求和法律法规。最后,规范预算调整程序也是预算管理改革的重要内容之一。在调整预算时,需要充分考虑政策变化、市场变化等因素的影响,确保调整后的预算符合实际情况和政策要求。同时,需要严格遵守规定的程序和审批流程,避免随意调整预算的情况发生。预算管理改革对于提高财政管理的效率和透明度具有重要意义。

(四)推进预算公开透明

预算管理改革是一项重要的举措,其目的在于提高预算管理的透明度和公信力。在这个过程中,注重推进预算公开透明是至关重要的。建立健全预算公开机制,扩大预算公开范围,细化预算公开内容,这些都是为了使公众能够更好地了解预算情况,加强对预算的监督。

具体来说,预算公开机制的建立应该包括一系列的制度、程序和规定,以确保预算信息的准确、完整和及时公开。制定相关的法律法规,明确预算公开的责任、权利和义务。建立一套严格的审批程序,确保公开的预算信息准确无误。同时,建立一套反馈机制,及时收集公众的反馈意见和建议,不断改进和完善公开机制。除了建立机制,扩大预算公开的范围。不仅要公开总预算,还要公开各个部门的预算,以及各项支出的具体用途和金额。同时,公开预算的编制、执行、调整和监督等各个环节,使公众能够全面了解预算管理的全过程。这样不仅可以提升公众对预算管理的信任度,还可以提高公众对相关工作的满意度。此外,细化预算公开的内容,让公众能够真正理解预算管理的运作方式和工作流程。这需要我们在公开信息时,尽可能地使用通俗易懂的语言,避免使用过于专业的术语。同时,在公开信息中加入一些图表和数据,使信息更加直观和易于理解。

通过这些措施的实施,公众可以更好地了解预算情况,加强对预算的监督,从而促进预算管理的科学、规范和透明。同时,这也将有助于提高公众对相关工作的信任度和满意度,加强相关部门的公信力和形象。因此,预算管理改革应该注重推进预算公开透明,这是当前和未来预算管理改革的重要方向。同时,加强宣传教育工作,加强公众对预算管理改革的理解和支持。通过各种渠道和方式,向公众普及预算管理改革的目的、意义和措施,增强公众对改革的认同感和参与度。这样不仅可以为改革营造良好的社会氛围,还可以为改革提供强大的社会支持力量。

(五)加强预算绩效管理

预算管理改革需要重视加强预算绩效管理,这是当前财政管理的重要任务之一。我们需要不断完善预算绩效评价制度体系,建立一套科学、规范、有效的绩效管理体系,以确保财政资金的使用效益最大化。具体来说,我们需要从以下几个方面入手:

建立绩效目标管理机制。在预算编制阶段,就需要明确各项财政资金的绩效目标,包括资金使用范围、用途、预期效果等。这样可以帮助我们更好地掌握资金的使用方向和效果,为后续的绩效评价和监控提供基础数据。

加强预算绩效监控。在预算执行过程中,我们需要定期对各项财政资金的使用情况进行监控,及时发现问题并采取措施加以解决。同时,还需要对绩效目标的实现程度和效果进行评估,以便及时调整预算安排和资金使用计划。

建立完善的绩效评价机制。在预算执行结束后,我们需要对各项财政资金的使用效果进行全面、客观、公正的评价,并将评价结果与预算编制和执行情况相结合,不断完善预算管理制度和流程。

加强绩效结果的应用。对于绩效评价结果优秀的项目和单位,我们需要给予相应的奖励和激励,以鼓励其继续保持良好的绩效水平;对于绩效评价结果不佳的项目和单位,我们需要及时指出问题并督促其改进,以确保财政资金使用的规范性和效益性。

加强预算绩效管理是提高财政资金使用效益的关键所在。我们需要不断完善预算绩效评价制度体系,建立全过程预算绩效管理体系,以提高财政资金的使用效益,促进财政管理的科学化和规范化。

第三节　税收征管制度改革与实践

一、推进税收征管现代化

为了进一步提升税收征管工作的智能化、自动化水平,优化纳税服务,简化办税流程,提高征管效率,我们建议加强信息化建设。通过引入先进的信息技术,如大数据、人工智能、云计算等,我们可以实现税收征管的数字化转型。

首先,加强信息化建设需要建立完善的信息系统,整合各类涉税信息,实现数据共享和交换。这将有助于提高税收征管工作的准确性和效率,减少人为干预和错误。其次,我们可以通过开发智能化、自动化的征管工具,如自动识别、分类、分析等工具,实现税收征管的自动化。这将大大减少人工干预,提高工作效率,同时减少人为错误和疏漏。此外,优化纳税服务也是信息化建设的重要组成部分。我们需要提供更加便捷、高效的纳税服务,如在线咨询、自助办税、移动办税等,以满足不同纳税人的需求。同时,加强纳税人的教育和培训,增强他们的纳税意识和遵从度。最后,简化办税流程也是提高征管效率的重要手段。我们需要对现有的办税流程进行梳理和优化,简化不必要的环节和手续,缩短办税时间,提高办税效率。

加强信息化建设是提高税收征管智能化、自动化水平的关键,也是优化纳税服务、简化办税流程和提高征管效率的重要手段。通过这些措施的实施,我们可以进一步提升税收征管工作的质量和效率,为纳税人提供更加优质的服务。

二、强化税收风险管理

完善税收风险管理体系是当前税务部门的一项重要工作。通过数据分析、预警监测等方式,可以发现和防范潜在的税收风险,从而降低税收流失,保障国家财政收入。

建立一套完整的数据采集和分析系统,收集各类涉税信息,包括企业的财务数据、交易数据、人员信息等。这些数据需要经过严格的筛选和清洗,以确保其准确性和完整性。利用先进的数据分析技术,对采集到的数据进行深度挖掘和挖掘,发现潜在的税收风险点。例如,可以通过分析企业的财务数据和交易数据,发现异常的税收行为,如大规模的税收优惠、异常的收入来源等。同时,建立预警监测机制,对发现的潜在风险进行实时监测和预警。一旦发现异常情况,需要及时采取措施进行干预和防范,防止风险进一步扩大。此外,加强与其他部门的合作,共同防范税收风险。税务部门需要与公安、检察、法院等部门建立信息共享机制,共同打击涉税违法犯罪行为,维护税收秩序。完善税收风险管理体系,需要我们不断加强数据采集和分析能力,建立预警监测机制,加强与其他部门的合作,共同防范税收风险,保障国家财政收入。

三、优化纳税服务

为了完善纳税服务体系,提高纳税服务水平,为纳税人提供更加便捷、高效、优质的服务,我们需要从以下几个方面入手:

优化纳税流程,简化办事程序,减少不必要的环节,提高办事效率。同时,加强与纳税人的沟通与交流,了解他们的需求和困难,及时解决他们的问题和疑虑。加强纳税服务人员的培训和管理,增强他们的专业素质和服务意识。通过定期培训和考核,确保纳税服务人员具备扎实的专业知识、良好的沟通能力和高效的服务能力。此外,积极推广电子税务和网上办税等现代化纳税服务方式,方便纳税人随时随地办理税务业务。同时,加强与其他部门的合作,共同推进税收征管工作,提高税收征管效率和质量。最后,注重纳税人的反馈和评价,及时收集和分析他们的意见和建议,不断改进和完善纳税服务体系。通过持续改进和优化服务,为纳税人提供更加便捷、高效、优质的服务,提高纳税人的满意度和信任度。

完善纳税服务体系和提高纳税服务水平是一项长期而艰巨的任务。我们需要不断探索和创新,加强与纳税人的沟通和合作,共同推进税收事业的发展。

四、加强税收征管协作

税务部门作为国家的重要职能部门,承担着征收税款、维护税收秩序、保障国家财政收入等重要职责。然而,在当前经济形势下,税收征管工作面临着越来越多的挑战和困难,需要加强与其他部门的协作配合,共同应对各种复杂情况。首先,税务部门需要加强与其他部门的协作配合,共同打击各种偷逃税行为。偷逃税是当前税收工作中的一大难题,不仅影响了国家财政收入的稳定,也损害了税收制度的公信力。因此,税务部门需要与其他部门密切合作,建立信息共享机制,加强信息交流和沟通,共同打击偷逃税行为。其次,税务部门需要加强与企业、社会组织的协作配合,共同推进税收征管工作。企业和社会组织是税收征管工作的重要对象之一,也是税收征管工作的重要支持力量。税务部门需要与企业、社会组织建立良好的合作关系,加强宣传教育,增强他们的纳税意识和遵从度,共同推进税收征管工作。此外,税务部门还需要加强与其他部门的协作配合,共同维护税收秩序。税收秩序是税收工作的基础和保障,需要税务部门与其他部门密切合作,共同维护税收秩序。这包括加大税收执法力度、打击各种违规行为、加强税收监管等措施,确保税收工作的顺利进行。

五、强化税收法治建设

在当今全球经济一体化的背景下,税收作为国家财政收入的主要来源之一,其重要性日益凸显。为了保障税收公平、公正、合法,我们必须从完善税收法律法规、加强税收执法监督和提高税收执法水平三个方面入手。

首先,完善税收法律法规是实现税收公平、公正、合法的基础。当前,我国的税收法律法规体系已经初步建立,但在某些方面仍存在一定的缺陷和不足。因此,我们需要根据实际情况,对现有的法律法规进行修订和完善,使其更加符合当前经济形势和社会发展需求。同时,加强对税收法律法规的宣传和普及工作,提高公众对税收法律法规的认识和理解。其次,加强税收执法监督是保障税收公平、公正、合法的重要手段。在现实中,由于种种原因,税收执法过程中仍存在一些问题,如执法不严、不公等。因此,我们需要建立健全的税收执法监督机制,加强对税务机关的监督和管理,确保其依法行政,公正执法。同时,加强对纳税人的教育和引导,使其了解自己的权利和义务,积极配合税务机关的工作,共同维护税收公平、公正、合法。最后,提高税收执法水平是实现税收公平、公正、合法的重要途径。税务机关的工作人员是税收执法的主力军,他们的执法水平直接影响税收公平、公正、合法的实现。

六、推进国际税收合作

在全球化的今天,各国之间的经济联系日益紧密,税收问题也因此变得越来越复杂。为了应对这一挑战,积极参与国际税收合作与交流,加强跨境税收管理,防范国际税收风险,维护国家税收权益显得尤为重要。

首先,积极参与国际税收合作与交流是应对复杂税收环境的关键。各国之间的税收法规和政策存在差异,这给跨国企业带来了诸多困扰。通过参与国际税收合作,我们可以共享信息、交流经验,共同探讨和制定更加公平、合理的税收政策,从而为跨国企业创造更加公平的竞争环境。

其次,加强跨境税收管理是保障国家税收权益的重要手段。随着经济全球化的深入发展,跨境税收管理变得越来越重要。我们需要建立更加完善的跨境税收管理体系,加强对跨国企业的监管,确保国家的税收权益不受侵犯。同时,加强与其他国家的合作,共同打击跨境逃税行为,维护全球税收秩序。此外,防范国际税收风险也是我们面临的重要任务。随着国际税收法规和政策的不断变化,我们需要密切关注国际税收风险的变化趋势,及时调整应对策略。我们需要建立完善的预警机制,及时发现和应对潜在的税收风险,确保国家的经济安全。

最后,维护国家税收权益是每个国家的核心利益。同时,加强自身的税收制度建设,提高税收征管水平,确保国家的税收收入能够满足国家发展的需要。

第五章 税收制度创新与发展

第一节 个人所得税改革与创新

一、个人所得税概述

(一)个人所得税的概念与特点

个人所得税是一种以个人所得为征税对象的税种,它是现代税收制度的重要组成部分。它以实现社会公平、维护国家利益为宗旨,通过对不同来源的所得进行征税,从而达到调节收入分配、缩小贫富差距、促进社会公平的目的。个人所得税的特点主要有以下几点:

1. 实行混合征收

个人所得税是现代社会中一个重要的税收项目,其征收方式直接影响着纳税人的权益和国家的财政收入。根据用户输入的内容,我们可以对个人所得税的征收方式进行深入的探讨。首先,个人所得税的征收方式通常采用分类与综合相结合的方式。这意味着,对于个人所得中的不同项目,如工资薪金、劳务报酬、财产租赁、财产转让等,会分别规定不同的税率和计税方法。这种方式的优点在于能够针对不同种类的所得进行精确的税收调控,同时简化税收程序,提高税收效率。然而,这种方式也存在一定的局限性,例如可能会造成某些所得项目被低估或漏税的情况。其次,个人所得税也会根据具体情况实行综合征收。这意味着,将个人不同来源、不同种类的所得进行汇总,按照统一的税率和计税方法进行征税。这种方式能够有效地避免分类征收方式下的漏税情况,提高税收的公平性和透明度。然而,综合征收方式也面临着一些挑战,例如如何合理地确定各种所得的权重,如何处理不同所得之间的税收抵扣问题等。在实践中,各国对于个人所得税的征收方式也有所不同。一些国家可能更倾向于采用分类征收方式,而另一些国家则可能更倾向于采用综合征收方式。这主要是因为不同的国家对于税收公平、效率、透明度的重视程度不同,也受到本国经济、文化、历史等因素的影响。

2. 超额累进税率与比例税率并用

当谈论个人所得税时,我们实际上是在讨论一种复杂的税收制度,它包括两种主要的税率形式:超额累进税率和比例税率。这两种税率形式在调节纳税义务人的税收负担方面起着不同的作用。首先,我们来了解一下超额累进税率。这种税率形式是根据应纳税所得额的不同分为不同的级次,每个级次适用不同的税率。应纳税所得额是指个人在一个纳税年度内所获得的所有收入,扣除一些基本的免税额以及其他一些扣除项后,剩下的可以用来纳税的金额。超额累进税率的设计是为了尽可能公平地分配税收负担,使得高收入者相对于低收入者承担更多的税收。这种税率的级次越多,意味着在应纳税所得额增加时,适用的税率也会随之提高,从而更好地调节了纳税义务人的税收负担。然而,并不是所有的收入都适用超额累进税率。在某些情况下,税务机关可能会采用比例税率来征收个人所得税。这种比例税率是一种固定的比率,无论应纳税所得额的大小如何,都按照相同的比率来征收。例如,一些小额的收入可能只按照较低的固定税率来征收。个人所得税的两种税率形式各有优势。超额累进税率可以更好地调节税收负担,使得高收入者承担更多的税收,而比例税率则适用于一些小额的收入,可以简化税收程序,提高税收效率。然而,这两种税率形式都需要税务机关准确地确定纳税人的应纳税所得额和收入来源,这在一定程度上增大了税务机关的工作难度。因此,未来的发展趋势可能是更加智能化和自动化的税务系统,以便更好地满足个人所得税征收的需求。

3. 费用扣除额较宽

随着社会经济的不断发展,个人所得税成为国家税收的重要组成部分。在计算应纳税所得额时,个人所得税通常会根据纳税义务人的收入情况,扣除一定的费用,以减轻其税收负担。这些费用包括成本、费用和损失等,这些费用的扣除对于纳税义务人来说具有重要的意义。首先,成本是纳税义务人经营活动中所发生的各种费用,包括原材料、人工成本、设备折旧等。这些费用的扣除可以降低纳税义务人的税前收入,从而减少其应缴纳的个人所得税。同时,成本费用的合理扣除也是企业财务管理的重要内容之一,有助于提高企业的经济效益和竞争力。其次,费用是指纳税义务人在生产经营过程中所发生的各种费用,包括管理费用、销售费用、财务费用等。同时,费用的合理扣除也有助于提高企业的财务管理水平,促进企业的健康发展。最后,损失是指纳税义务人在生产经营过程中所发生的无法得到补偿的财产损失或费用支出。例如,因产品质量问题而产生的退货、赔偿等费用。这些费用的扣除同样可以降低纳税义务人的税前收入,从而减轻其税收负担。同时,损失的合理扣除也有助于提高企业的财务管理水平,减少企业的经营风险。个人所得税的费用扣除额度的确定对于减轻纳税义务人的税收负担具有重要意义。在实际操作中,纳税人需要按照相关法律法规的规定,合理安排各项费用的支出和损失的发生,以确保能够充分享受费用扣除所带来的税收优惠。同时,税务机关也需要加强对纳税人费用扣除情况的监管和管理,确保税收公平和透明。此外,随着经济形势的不断变化和个人所得税制度的不断完善,费用扣除额度的确定也需要不断调整和优化,以适应经济发展的需要和纳税义务人的实际需求。

4. 采取源泉扣缴和自行申报纳税

个人所得税的征收方式一直以来都是税务领域的重要议题。征收方式的选择对于税收的公平性和效率性有着直接的影响。一般来说,个人所得税的征收方式主要包括源泉扣缴和自行申报纳税两种。这两种方式在实施过程中各有利弊,需要结合实际情况进行选择和运用。源泉扣缴,顾名思义,是在支付个人所得时代扣代缴的方式。这种征收方式主要适用于一些固定收入的个人,如工资、薪金等。在这种方式下,税务机关通常会与支付方(如企业、机构等)签订协议,要求他们在支付个人所得时自动扣缴相应的税款。这种方式的优点在于效率高,能够及时、准确地完成税收征收工作。然而,它也存在一定的局限性,如可能存在代扣不准确的情况,导致少缴、漏缴等问题。另一方面,自行申报纳税则是个人自行向税务机关申报纳税的方式。这种方式适用于各种类型的收入来源,包括但不限于工资、薪金、投资收益、财产出租或转让所得等。在这种方式下,纳税人需要按照税务机关的要求,定期向税务机关申报自己的收入和应纳税款,并按照规定的时间和方式缴纳税款。这种方式有助于保障税收的公平性和准确性,但也存在一定的难度和复杂性,需要纳税人具备一定的纳税意识和能力。

(二)个人所得税的征收范围与税率

1. 个人所得税的征收范围

个人所得税的征收范围是广大纳税人需要关注的一个重要问题。征收范围是指哪些方面需要缴纳个人所得税,这个问题涉及每一位公民的切身利益,因此需要深入了解相关政策法规。一般来说,个人所得税的征收范围包括工资薪金、劳务报酬、稿酬、财产租赁、财产转让、利息股息红利所得等多个方面。这些收入形式都是个人所得税的主要来源,也是纳税人的主要纳税项目。当然,除了这些常见的收入形式,还有一些特定行业和人群也有特定的税收优惠政策,如高新技术企业和自主创业人员等。这些特定人群和行业的税收优惠政策,旨在鼓励和支持相关行业的发展,也为纳税人提供了更多的税收优惠和便利。然而,个人所得税的征收范围是比较广泛的,具体需要根据具体情况进行判断和处理。不同的收入形式、不同的收入来源、不同的纳税人的具体情况都需要进行具体的分析和评估。同时,个人所得税的征收标准也会随着国家税收政策的变化而调整,因此需要关注相关政策法规,以便更好地了解自己的纳税义务和享受税收优惠政策。个人所得税的征收范围和标准是一个复杂而敏感的问题,需要纳税人认真关注和了解相关政策法规。只有充分了解自己的纳税义务和税收优惠政策,才能更好地维护自己的合法权益,也为国家税收事业的发展做出自己的贡献。

2. 个人所得税的税率

个人所得税是对个人取得的各项应税所得征收的一种税,税率是根据应税所得的不同而定的。根据个人输入的信息,以下是对个人所得税税率的具体说明:首先,对于工资薪金所得,税率根据收入的不同档位而异。各级税率如下:全月收入额在 800 元以下的,免征;800 元至 1 500 元的部分,税率为5%;1 501 元至 3 000 元的部分,税率为 10%;3 001 元至 6 000 元的部分,税率为 20%;6 001 元至 9 000 元的部分,税率为 30%;9 001 元至 12 000 元的部分,税率为 40%;12 001 元以上的部分,税率为 45%。也就是说,收入越高,需要缴纳的税费可能越高。其次,对于劳务报酬所得,税率通常为 20%左右,但一些特定情况下可能更高。比如,劳务报酬所得超过一定金额,需要适用加成征收。再者,对于财产租赁所得,税率通常为不超过 40%。也就是说,如果财产租赁所得的收入不超过 4 000 元,税率为 20%。随着收入的提高,税率逐渐提高。最后,对于特许权使用费所得,税率通常为不超过 20%。这是针对个人转让著作权、专利权、非专利技术以及其他特许权所取得的所得。

二、个人所得税改革的关键内容

(一)税制改革

1. 调整个人所得税的税制结构

调整税制结构是一个重要的议题,涉及税收政策的制定和实施。深入了解当前的税制结构是否符合国家的经济发展和税收政策目标,我们需要对现有的税制结构进行全面的分析,包括税种的设置、税率的高低、税收优惠的力度等。如果现有的税制结构存在一些问题,例如税种设置不合理、税率过高或过低、税收优惠不足等,那么就需要对其进行调整。考虑调整税制结构的具体措施。这可能包括增加某些税种、减少其他税种、调整税率、增加税收优惠、简化税收制度等。这些措施需要结合国家的实际情况和税收政策目标来制定,以确保调整后的税制结构能够更好地促进经济发展和税收收入的增加。同时,考虑到这些措施可能带来的影响,例如对市场的影响、对纳税人负担的影响等。此外,调整税制结构还需要考虑税收公平和效率的问题。在调整税制结构时,我们需要确保不同纳税人之间的税收负担公平合理,也要考虑税收制度的效率,以确保税收征收和管理更加便捷和高效。这需要我们制定合理的税收制度,避免出现过度征税或税收流失的情况。调整税制结构是一个复杂而重要的议题,需要我们全面考虑各种因素,制定出符合国家实际情况和税收政策目标的调整方案。同时,我们也需要加强税收宣传和教育工作,提高公众对税收制度的认识和理解,以促进税收制度的稳定和健康发展。这需要我们采取多种措施,包括加强宣传、提供税务咨询、开展税务培训等,以提高公众对税收制度的了解和遵守程度。另外,关注税收政策的连续性和稳定性,避免频繁调整税制结构给纳税人带来不必要的困扰和不便。只有在稳定的环境下,纳税人才能更好地理解和遵守税收制度,促进税收制度的健康发展。

2. 简化个人所得税的税制

简化税制是指通过减少税收的复杂性和烦琐性,使纳税人更容易理解和遵守税收法规,从而降低税收风险和纳税成本。简化的税制可以提高纳税人的纳税遵从度,促进税收的公平和透明度,也有利于提高税收征管效率。因

此,简化税制是当前税收改革的重要方向之一。在实践中,简化税制可以通过以下几个方面来实现:

(1)简化税种和税率。为了使纳税人更容易理解和计算应纳税额,我们需要减少税种的种类和复杂程度,同时降低税率的高低。这样做可以大大简化纳税人的纳税过程,减少他们因为复杂的税法而产生的困惑和焦虑。简化税种。过多的税种不仅会增加纳税人的经济负担,还会让他们在面对复杂的税法时感到无从下手。因此,我们应该精简税种,只保留那些必要的税种,并确保这些税种的征收方式简单易懂。降低税率。过高的税率不仅会增加纳税人的经济负担,还会让他们对纳税过程产生反感。因此,我们应该根据纳税人的实际情况,制定合理的税率,并确保这些税率在整个税收体系中保持一致。此外,我们还可以通过税收优惠和税收减免等方式,鼓励纳税人积极纳税,同时提高他们的生活质量。最后,提供更多的纳税咨询和指导。纳税人不应该独自面对复杂的税法,而应该得到专业的指导和帮助。因此,我们应该建立完善的纳税咨询体系,提供免费的纳税咨询和指导服务,帮助纳税人更好地理解和遵守税法。减少税种的种类和复杂程度,降低税率的高低,并提供专业的纳税咨询和指导,是使纳税人更容易理解和计算应纳税额的有效方法。这些措施不仅可以提高纳税人的满意度和遵从度,还可以促进税收体系的公平和效率。

(2)简化税收优惠政策。为了使纳税人更容易理解和遵守税收优惠政策,减少税收优惠政策的数量和复杂性是至关重要的。这不仅可以降低纳税人的税收负担,还可以提高纳税人的遵从度,从而有助于营造一个良好的税收环境。首先,简化税收优惠政策可以使纳税人更容易理解税收制度,从而更好地了解自己的权利和义务。这将有助于减少因误解政策而产生的错误申报和违规行为,从而降低税务机关的监管成本。其次,减少税收优惠政策的数量和复杂性,也有助于提高纳税人的遵从度。当纳税人能够更好地理解和遵守税收优惠政策时,他们会更愿意主动申报和缴纳税款,这将有助于减少逃税和避税行为的发生。此外,简化税收优惠政策还可以提高税务机关的工作效率,减少不必要的行政成本。然而,简化税收优惠政策并不意味着放宽税收监管。相反,税务机关应该加大监管力度,确保纳税人遵守税收制度,防止逃税和避税行为的发生。同时,税务机关还应该加强与纳税人的沟通和宣传工作,提高纳税人对税收优惠政策的了解程度,帮助他们更好地利用优惠政策减轻税收负担。简化税收优惠政策是降低纳税人税收负担和提高遵从度的有效途径之一。通过减少优惠政策的数量和复杂性,税务机关可以更好地履行监管职责,促进税收环境的稳定和健康。

(3)简化纳税流程。为了减少纳税申报的烦琐程度和时间成本,提高纳税效率,使纳税人更容易遵守纳税规定,我们可以采取以下措施:首先,税务部门可以优化纳税申报流程,简化申报表格和文件,减少不必要的步骤和要求。这样可以减少纳税人的时间和精力,使他们能够更轻松地完成申报工作。其次,税务部门可以提供在线申报平台,使纳税人可以通过互联网进行申报,无须亲自前往税务部门。这样可以节省纳税人的时间和交通成本,也可以提高申报的准确性和效率。此外,税务部门可以提供纳税咨询服务,为纳税人提供有关纳税规定和申报流程的指导。这样可以减少纳税人的困惑和疑问,使他们能够更好地了解自己的纳税义务,并遵守纳税规定。最后,税务部门可以加强宣传和教育,提高纳税人对于纳税规定的认识和理解。这样可以减少纳税人的误解和错误理解,使他们能够更好地遵守纳税规定,并避免不必要的税务风险。通过优化纳税申报流程、提供在线申报平台、提供纳税咨询服务以及加强宣传和教育,我们可以使纳税人更容易遵守纳税规定,减少纳税申报的烦琐程度和时间成本,提高纳税效率。

(4)加强税收征管信息化建设。通过采用信息化手段,我们可以显著提高税收征管的效率和准确性。这种技术进步不仅可以减少人为错误和舞弊现象,还能降低税收风险。首先,信息化手段可以自动化许多烦琐的税收征管过程,从而减少了人为干预和错误的可能性。其次,它能够提供实时数据和信息,使税务官员能够迅速做出决策,并确保税收政策的准确执行。此外,信息化手段还可以提供强大的数据分析工具,帮助税务部门识别潜在的税收风险,并及时采取措施加以解决。这些措施可能包括对潜在违规行为的调查,以及对合法税收优惠和减免政策的宣传和推广。通过这种方式,我们可以确保税收征管的公正性和透明度,同时降低税收风险,保护国家和纳税人的利益。

(二)税制公平与减税措施

1. 提高个税起征点

(1)增加居民可支配收入。

提高个税起征点是一个积极的举措,它意味着居民在缴纳税款之前,他们的收入将会相应增加。这一变化将有助于提高居民的生活水平和消费能力。

首先,提高个税起征点可以减轻居民的经济负担。在当前的个税制度下,个税起征点相对较低,这意味着相当一部分收入较低的居民需要缴纳个人所得税。而提高个税起征点后,这部分居民的税收负担将会减轻,他们可以有更多的资金用于生活支出,从而提高他们的生活水平。其次,提高个税起征点也有助于刺激消费。个人所得税是政府财政收入的重要来源之一,而提高个税起征点意味着政府可以减少税收收入。然而,这并不意味着政府没有收益。相反,政府可以通过其他方式来弥补税收收入的减少,例如通过提供更多的公共服务和优惠政策来吸引居民消费,从而促进经济增长。这样一来,提高个税起征点不仅有助于改善居民的生活水平,还可以促进经济的增长和繁荣。当然,在实施提高个税起征点的政策时,也需要考虑到一些实际问题。例如,如何确定合理的个税起征点水平?如何确保税收制度的公平性和透明度?这些问题都需要政府在政策制定过程中进行充分的考虑和论证。提高个税起征点是一个值得考虑的积极举措。它不仅有助于减轻居民的经济负担,还可以刺激消费,促进经济增长和繁荣。当然,在实施过程中需要充分考虑各种实际问题,以确保政策的合理性和可行性。

(2)缩小贫富差距。

通过提高个税起征点,我们可以有效地减轻中低收入群体的税收负担。这一举措不仅有助于改善他们的经济状况,使他们有更多的资金用于生活和投资,还能进一步缩小贫富差距,促进社会公平和稳定。在现代社会,贫富差距已经成为一个普遍存在的问题。随着经济的发展,富人的财富不断积累,而许多中低收入群体却面临着收入增长缓慢、生活压力大等问题。在这种情况下,提高个税起征点可以有效地缓解这种不公平的现象,让更多的人能够分享经济发展的成果。此外,提高个税起征点还可以促进社会公平和稳定。税收是政府财政收入的主要来源之一,也是调节社会经济的重要手段。通过调整税收政策,我们可以引导人们更加注重诚信纳税,鼓励企业积极履行社会责任,促进社会公平和稳定。同时,提高个税起征点还可以鼓励中低收入群体更多地参与到社会活动中来,增强他们的社会责任感和归属感。提高个税起征点是一项非常有意义的举措。它不仅可以减轻中低收入群体的税收负担,改善他们的生活状况,还可以缩小贫富差距,促进社会公平和稳定。因此,政府应该积极采取措施,逐步提高个税起征点,让更多的人受益。

（3）促进消费和经济增长。

增加居民可支配收入是刺激消费需求、促进经济增长的重要手段。首先，当居民的收入水平提高时，他们的购买力也会相应增强，这为市场提供了更多的消费机会。人们有更多的资金可以用于购买商品和服务，无论是日常生活用品、食品、衣物，还是娱乐、教育、旅游等各个方面，都能够得到更大的满足。这样一来，消费市场得到了扩大，各种商品和服务的销售额也会随之增加，从而推动经济的增长。其次，消费需求的增加也会带动企业扩大生产和投资。当消费者有更多的购买力时，企业就会看到更大的市场潜力，他们就会增加生产，研发新的产品和服务，以满足消费者的需求。同时，企业也会增加投资，扩大生产规模，提高生产效率，以应对更大的市场需求。这些扩大生产和投资的行为，不仅会促进企业的自身发展，也会为社会创造更多的就业机会，进一步推动经济增长。然而，提高居民可支配收入并不是一蹴而就的过程，需要政府、企业和社会各方面的共同努力。政府可以通过制定合理的税收政策、社会保障制度等措施，提高居民的收入水平；企业可以通过提高员工工资、改善工作环境等方式，提高员工的收入；社会也可以通过教育、培训等手段，提高劳动力的素质和技能，为提高居民的可支配收入打下基础。只有这样，我们才能真正实现消费需求拉动经济增长的目标。

（4）简化税收制度。

提高个税起征点确实可以简化税收制度，降低征管成本，提高税收效率。首先，个税起征点的提高意味着对于一些收入较低的人群来说，他们不再需要缴纳个税，这可以减少税收制度的复杂性和烦琐性。其次，降低征管成本也是非常重要的，因为这可以减少税务部门的工作量，提高工作效率。此外，提高个税起征点还可以鼓励更多的人积极纳税，从而促进税收的稳定增长。同时，这也能够提高税收的透明度和公平性，让税收制度更加公正和合理。当然，在提高个税起征点的同时，也需要考虑到一些实际问题，例如如何平衡不同收入群体的税收负担，以及如何确保税收制度的可持续性。因此，在制定相关政策时，需要综合考虑各种因素，并采取适当的措施来确保税收制度的稳定和健康发展。

2. 调整税率结构

随着经济的发展和税收政策的不断调整，调整税率结构已成为当前税收改革的重要议题之一。税率结构是指税收体系中各种税种的税率组合，它直接影响税收的征收效果和企业的经营成本。首先,调整税率结构可以更好地适应经济发展的需要。随着经济结构的不断变化,不同行业、不同地区的经济发展水平存在差异,因此需要针对不同行业、不同地区制定不同的税收政策。通过调整税率结构,可以更好地促进经济发展,提高税收征收效率。其次,调整税率结构可以增强税收公平性。在当前的税收体系中,不同行业、不同企业之间的税负存在差异,这在一定程度上影响了税收公平性。通过调整税率结构,可以缩小不同行业、不同企业之间的税赋差距,使税收更加公平合理。此外,调整税率结构还可以促进税收征管水平的提高。随着税收征管技术的不断进步,税务机关需要更加精细化的税收管理手段来应对复杂的税收环境。通过调整税率结构,可以更好地满足税务机关的税收管理需求,提高税收征管水平。调整税率结构是当前税收改革的重要议题之一,它不仅可以更好地适应经济发展的需要,增强税收公平性,还可以促进税收征管水平的提高。因此,政府应该加强对税率结构的调整和监管,确保税收政策的合理性和公平性。同时,企业也应该积极配合税务机关的税收管理工作,遵守税收法律法规,共同维护税收秩序。

(三)征收管理改革

1. 信息化管理

随着信息技术的不断发展,征收管理的信息化改革已经成为一个不可逆转的趋势。传统的征收管理方式已经无法满足现代社会的需求,因此,征收管理的信息化改革成为当前亟待解决的问题。

首先,征收管理的信息化改革可以提高征收管理的效率。传统的征收管理方式主要依靠人工操作,这种方式不仅效率低下,而且容易出错。而信息化技术通过自动化和智能化的手段,可以实现征收管理的快速、准确和高效。例如,通过开发征收管理信息系统,可以实时收集、整理和更新征收数据,大大减少了人工操作的烦琐和误差。同时,系统还可以自动进行数据分析,为征收决策提供科学依据,从而增强了征收管理的科学性和准确性。其次,征收管理的信息化改革可以降低征收管理的成本。传统的征收管理方式需要投入大量的人力和物力资源,而信息化技术可以通过云计算、大数据等技术手段,实现资源的共享和优化配置。例如,征收管理信息系统可以通过云计算技术,实现数据的高效存储和处理,从而降低了硬件设备的投入成本。同时,系统还可以实现资源的共享和优化配置,减少了人力和物力的浪费,从而降低了征收管理的成本。最后,征收管理的信息化改革可以提高征收管理的透明度和公正性。传统的征收管理方式往往存在着一些不透明和不公正的问题,例如信息不对称、人为干扰等。而信息化技术可以通过公开、透明的手段,实现征收管理的公开、公正和透明。例如,征收管理信息系统可以实时公开征收数据和政策信息,增强了公众的知情权和参与权,从而保障了征收管理的公平性和公正性。

征收管理的信息化改革具有重要意义和价值。它不仅可以提高征收管理的效率、降低成本,还可以提高透明度和公正性,更好地服务于社会和人民。在实际应用中,我们需要根据实际情况和需求,制定合理的信息化改革方案,并加强信息化技术的研发和应用。同时,我们也需要加强对信息化技术的监管和管理,确保信息化技术的安全和稳定运行,避免出现信息安全和数据泄露等问题。此外,不断优化和完善征收管理信息化系统,使其更好地适应现代社会的需求和发展。

2. 强化税收征管能力

随着经济的快速发展,税收征管能力的重要性日益凸显。强化税收征管能力不仅有助于保障国家财政收入,还能促进经济的稳定发展。本节将从以下几个方面探讨如何提升税收征管能力。

(1)完善税收法律法规。

首先,需要完善税收法律法规,确保税收征管的公正性和透明度。这包括对现有法律法规的修订和完善,以及对新法规的制定和实施。同时,要加大对税收违法行为的打击力度,提高违法成本,使违法者承担应有的法律责任。

(2)加强信息化建设。

加强信息化建设是提高税收征管能力的关键。通过建立完善的税收信息系统,可以实现税收数据的实时采集、分析和应用。这有助于提高税收征管的效率和准确性,减少人为误差和舞弊行为。同时,信息化建设还能提高税务部门的信息化水平,提升税务人员的综合素质。

(3)提高税务人员的素质。

税务人员的素质直接关系着税收征管的效果。因此,要加强税务人员的培训和教育,提高他们的专业素质和职业道德水平。同时,要加强对税务人员的监督和管理,确保他们严格遵守法律法规,公正、公平、公开地执行税收征管工作。

（4）加强与企业的合作。

企业是税收征管的重要对象,加强与企业的合作是提高税收征管能力的必要手段。税务部门要与企业建立良好的合作关系,加强对企业的指导和监督,帮助企业建立健全的财务管理制度,增强纳税意识和遵从度。同时,要加强对企业的税收宣传和培训,提高企业的纳税遵从度。

（5）建立完善的考核机制。

为了确保税收征管工作的质量和效果,需要建立完善的考核机制。通过对税务部门和税务人员的考核,可以及时发现和解决问题,提高税收征管工作的质量和效率。同时,要建立奖惩机制,对表现优秀的税务部门和税务人员进行表彰和奖励,对表现不佳的进行批评和整改。强化税收征管能力需要从完善税收法律法规、加强信息化建设、提高税务人员的素质、加强与企业的合作以及建立完善的考核机制等方面入手。

第二节　企业所得税改革与创新

一、企业所得税概述

（一）企业所得税的概念与特点

企业所得税是针对法人所得的一种税,基本税率一般为25%,对于小型微利企业和高新技术企业,税率会有所优惠。以下是企业所得税的主要特点。

1.计税依据为应纳税所得额

企业所得税的计税依据是企业的应纳税所得额。应纳税所得额是指企业每一纳税年度的收入总额,减除不征税收入、免税收入、各项扣除以及允许弥补的以前年度亏损后的余额。其中,收入总额包括企业的主营业务收入、其他业务收入、视同销售收入等;各项扣除包括企业的成本、费用、税金、损失等;允许弥补的以前年度亏损是指企业在以前年度发生的亏损,可以在计算应纳税所得额时予以扣除。

2.应纳税所得额的计算较为复杂

企业所得税应纳税所得额的计算确实是一项相对复杂的工作,需要纳税人对不同的所得项目进行区别对待。这是因为不同的所得项目可能涉及不同的税收法规和税收优惠政策,而这些法规和政策在计算应纳税所得额时需要特别注意。了解纳税人的各项所得来源,包括工资薪金、利息收入、股息收入、财产转让所得、生产经营所得等。这些不同的所得项目需要采用不同的计算方法和扣除标准,以确保公平、公正和合理的税收负担。在某些情况下,某些收入所得可能被视为不予计列项目,这些项目通常不纳入应纳税所得额的计算范围。例如,一些非经常性收益,如出售资产所得、政府补贴等,可能不被视为常规的收入来源,因此在计算应纳税所得额时需要特别注意。我们需要根据纳税人的具体情况和税收法规进行综合分析,以确保计算的应纳税所得额符合相关法规和政策要求。在某些情况下,可能需要考虑税收筹划和税务咨询,以确保纳税人的税收负担合理、合法和合规。

3. 征税以量能负担为原则

企业所得税的征税原则是量能负担,这是基于公平和效率的考虑。具体来说,这意味着对于那些拥有更多所得、更强的负担能力的企业,应该承担更多的税收责任;而对于那些所得较少、负担能力较小的企业,则可以少缴一些税。这样的原则能够确保税收的公平性,也能鼓励企业积极发展,提高经济效益。此外,无所得、没有负担能力的企业,则不应被要求纳税。这是因为对于没有经济收益的企业来说,他们无法承担税收负担,如果强行要求他们纳税,可能会对他们的发展造成不利影响。因此,在征税过程中,我们需要充分考虑企业的实际情况,确保税收政策的合理性和公平性。企业所得税的征税原则是量能负担,这一原则不仅考虑了企业的经济效益,也考虑了企业的社会责任。通过这样的原则,我们能够更好地推动企业的发展,提高经济的效益,也能够确保税收的公平性和合理性。

（二）企业所得税的征收范围与税率

企业所得税的征收范围与税率对企业的发展有着重要的影响,本节将详细探讨企业所得税的征收范围、税率以及税收优惠政策。

首先,企业所得税的征收范围包括中国境内的企业和其他取得收入的组织的生产经营所得和其他所得。具体来说,纳税人包括国有企业、集体企业、私营企业、联营企业、股份制企业等,以及有生产经营所得和其他所得的其他组织,如事业单位、社会团体、民办非企业单位等。这一规定确保了所有在中国境内进行合法经营的企业都需要缴纳所得税。关于税率,企业所得税的一般税率为25%,适用于大部分纳税人。然而,国家为了鼓励某些行业或类型的企业发展,也设定了一些优惠税率。例如,对于符合条件的小型微利企业,其税率可降至20%;对于国家重点扶持的高新技术企业,其税率可降至15%。这些优惠税率旨在激励企业提高科技水平,推动产业升级。

此外,企业所得税还设有税收优惠政策,如加计扣除、加速折旧、投资抵免等。这些政策旨在鼓励企业的技术创新和转型升级,同时吸引更多的投资流入特定行业或领域。例如,对于环保、节能、研发等领域的投资,企业可以享受税收优惠。然而,除了基本的税收政策,国家还针对某些特定行业或领域的企业制定了特殊的税收优惠政策。例如,对于农业、农村发展、新能源等领域的企业,国家会提供更为优惠的税收政策,以促进这些领域的发展。企业所得税的征收范围和税率是国家根据经济和社会发展需要而设定的,旨在鼓励企业发展、推动经济增长和社会进步。然而,企业在实际操作中,还需要根据国家的税收政策和自身的经营状况,合理规划税收,以实现企业的可持续发展。

二、企业所得税改革的关键内容

(一)税制改革

1.调整税制结构

调整企业所得税的税制结构是一个复杂的任务,需要考虑多个因素,包括企业的类型、规模、行业特点等,以及国家的经济发展水平和税收政策目标。以下是一些可能的调整措施。

(1)降低企业所得税税率。

降低企业所得税税率无疑是企业发展的一大助力。它能够有效地减轻企业的税收负担,使企业在同等投入下获得更多的收益,从而提高企业的营利能力。然而,这并非意味着税率可以无限制地降低。过低的税率虽然能短期内提升企业的竞争力,但从长期来看,它也可能引发一系列问题,如税收收入的减少和国家财政的困难。因此,税率调整需要综合考虑多种因素,以实现企业利益与国家利益的平衡。

要明确的是,降低税率并非无条件的魔法。企业所得税税率的变化,必须与国家的财政状况、税收收入、经济发展等多方面因素相协调。如果税率过低,可能导致税收收入的严重流失,影响国家的财政稳定,甚至可能引发财政危机。此外,税率调整还必须考虑到国家的整体经济状况,过低的税率可能会对其他行业或企业造成不公平的竞争压力,影响整体经济的发展。那么,如何进行合理的税率调整呢？企业的财务状况进行深入的分析,了解企业的盈利模式、经营状况、税收负担等。在此基础上,我们可以制定出适合企业的、具有针对性的税率调整方案。其次,考虑到国家的整体经济环境,以及国际经济形势的影响。最后,考虑到税收政策的社会效应,确保税收政策的公平性和合理性。

（2）扩大企业所得税税基。

随着经济的发展和税收制度的改革,扩大企业所得税税基已成为一个备受关注的话题。这一策略不仅有助于增加国家的税收收入,还能加强对企业经济行为的监管,防止税收流失,从而更好地服务于国家的经济发展。首先,扩大企业所得税税基的策略可以通过将一些目前免征或少征的企业纳入征税范围来实现。这不仅可以增加国家的税收收入,还能在一定程度上遏制企业的偷税漏税行为。对于那些目前享受免税或低税的企业,如果他们不遵守税收法规,那么扩大税基的策略将有助于更好地监管这些企业的经济行为。其次,我们还可以考虑通过加强企业经济行为的监管来扩大企业所得税的税基。这包括对企业财务报告的审查,对经济活动的监督和对税收法规的宣传教育等。通过这些措施,我们可以防止税收流失,确保税收收入的公平性和透明度。然而,扩大企业所得税税基并非易事,需要我们仔细考虑各种因素,如企业的承受能力、税收制度的公平性和透明度等。此外,制定相应的配套措施,以确保扩大税基不会对企业的经营和发展产生负面影响。

（3）优化税收优惠政策。

税收优惠政策作为一项鼓励企业发展、推动经济增长的重要手段,其重要性不言而喻。通过优化税收优惠政策,我们可以鼓励企业进行一系列积极的行为,如技术创新、扩大投资、提高就业等,从而推动经济的持续增长。以下是一些具体的税收优惠政策优化建议。

首先,加大对高新技术企业和具有发展潜力的创新型小微企业的税收优惠力度。这些企业是推动经济增长和产业升级的重要力量,通过给予他们更多的税收优惠,可以激励他们加大研发投入,提高技术水平,从而推动整个行业的技术进步。其次,我们可以通过调整税收政策,鼓励企业扩大投资。投资是企业发展的重要驱动力,特别是在当前经济形势下,鼓励企业增加投资不仅可以促进经济增长,还可以创造更多的就业机会。因此,我们可以考虑对投资额较大的企业给予更多的税收优惠,或者对长期投资给予更多的税收优惠。此外,我们还可以通过扩大税收优惠的覆盖面增强其持续性,鼓励企业提高就业率。企业提供更多的就业机会不仅可以为社会创造财富,还可以增强企业的社会责任感。因此,我们可以考虑将更多的就业机会纳入税收优惠的范围,并延长税收优惠的期限,以鼓励企业积极承担社会责任。最后,我们还可以通过制定一些特殊的税收优惠政策,鼓励企业转型升级和创新创业。对于那些已经具有一定规模的企业,我们可以考虑给予他们更多的税收优惠,鼓励他们进行技术升级和产品创新,从而提升企业的核心竞争力。

优化税收优惠政策对于鼓励企业发展、推动经济增长具有重要意义。通过加大对高新技术企业、创新型小微企业的税收优惠力度,鼓励企业扩大投资、提高就业、转型升级和创新创业,我们可以更好地发挥税收政策的激励作用,促进经济的持续增长和社会的发展。

(4)加大税收征管力度。

在现代经济体系中,税收是政府收入的重要来源,也是国家治理的重要手段。然而,税收流失是一个普遍存在的问题,严重影响了国家财政收入和税收政策的实施效果。为了解决这一问题,加大税收征管力度是至关重要的。

首先,我们可以加强对企业的稽查和审计。这是提高税收征收率的有效手段之一。通过定期对企业进行稽查和审计,可以发现和纠正企业的偷税、漏税等违法行为,从而减少税收流失。同时,稽查和审计也可以帮助税务机关及时发现企业的潜在税收负担,为企业提供合理的税收筹划建议,帮助企业降低税收成本,提高经济效益。然而,仅仅依靠稽查和审计是不够的。加强对企业的税收服务和宣传,增强企业的纳税意识和遵从度。税务机关可以通过多种方式提供税收服务和宣传,例如定期举办税收政策讲座、发放税收宣传资料、提供在线咨询服务等。这些措施可以帮助企业了解和掌握税收政策,增强纳税意识和遵从度,从而减少税收流失。此外,税务机关还可以与企业建立良好的合作关系,共同推动税收遵从。通过与企业建立长期的合作关系,税务机关可以为企业提供个性化的税收服务,例如为企业量身定制的税收筹划方案、为企业提供税务咨询和培训等。这些措施不仅可以提高企业的纳税遵从度,还可以促进企业与税务机关之间的沟通和合作,共同推动税收体系的完善和发展。加大税收征管力度是提高税收征收率、减少税收流失的重要手段。我们可以通过加强对企业的稽查和审计、提供税收服务和宣传、建立良好的合作关系等方式来实现这一目标。这将有助于提高国家的财政收入,促进经济的健康发展。

2. 简化税制

简化企业所得税的税制是一个重要的改革方向,旨在降低企业的税收负担,提高企业的竞争力和市场活力。以下是一些可能的简化措施。

(1)减少税率档次。

随着企业所得税的税率档次不断增加,税制的复杂性和不确定性也随之加剧。这种状况不仅增大了税务部门的工作难度,也给企业带来了诸多困扰。为了解决这一问题,我们建议考虑减少税率档次,以使税制更加简单明了,也降低了企业的税收负担。

减少税率档次有助于简化税制。当前,企业所得税的税率档次繁多,每个档次的适用范围和计算方法各不相同。这不仅给企业带来了烦琐的税务处理工作,也增大了税务部门的工作难度。通过减少税率档次,我们可以统一税率标准,简化计算过程,使税制更加清晰明了。其次,减少税率档次有助于降低企业的税收负担。在当前的税制下,企业需要针对每个税率档次进行税务申报和缴纳税款。这不仅增加了企业的财务负担,也增加了企业的运营成本。通过减少税率档次,我们可以使企业只需针对一个或少数几个税率档次进行税务申报和缴纳税款,从而降低企业的税收负担。在实施这一改革方案时,我们需要充分考虑企业的实际情况和需求。对于不同类型、不同规模的企业,我们可以设置不同的税率档次,以适应不同企业的实际情况和需求。同时,我们也需要考虑到税收公平和效率的问题,确保改革方案的实施不会对税收收入造成过大影响。此外,我们还可以通过优化税收政策,为企业提供更多的税收优惠和扶持措施,以鼓励企业积极纳税,提高企业的经营效益和市场竞争力。例如,我们可以针对创新型企业、绿色环保型企业等给予一定的税收优惠,以鼓励企业加大研发投入、推动技术创新和环保发展。

(2)扩大税基。

在探讨如何优化企业所得税制度的过程中,一个值得考虑的关键点是扩大企业所得税的税基。这一观点得到了广泛的认同,因为它不仅有助于增加税收收入,还能通过降低税率,简化税制。

将目前未纳入征税范围的企业或收入纳入税基中来,这不仅有助于扩大税收来源,还能使那些原本未被纳入征税范围的企业或收入,也必须遵守税收法规,进一步强化税收监管。此外,这种做法还能在一定程度上防止税收流失,确保政府财政收入的稳定。然而,仅仅扩大税基是不够的。考虑如何简化税制,降低税率是一个有效的手段。通过减少企业的税收负担,我们可以鼓励更多的企业进行投资和创新,从而推动经济的发展。同时,这也将使税制更加公平和透明,减少税务欺诈和逃税的可能性。扩大税基和降低税率并不是唯一的手段。我们还可以考虑加强对企业经济行为的监管。这包括建立完善的税收监管体系,定期对企业进行审计和检查,以确保他们遵守税收法规。此外,我们还可以通过培训税务人员,提高他们的专业素质和技能水平,以确保他们能够准确、公正地执行税收法规。在实施这些改革时,考虑到一些潜在的挑战和风险。例如,一些企业可能会对扩大税基和降低税率表示担忧,因为他们可能担心这会增加他们的成本。然而,我们可以通过提供适当的财政补贴和优惠政策来缓解这种担忧。

通过扩大企业所得税的税基、降低税率并加强对企业经济行为的监管,我们可以实现税制的简化并增加税收收入。这不仅可以提高政府的财政收入,还能促进经济的发展和企业的投资和创新。然而,实施这些改革需要我们采取一系列有效的措施和策略,以确保其可行性和可持续性。

(3)合并或取消部分税收优惠。

随着企业所得税的税收优惠政策日益丰富,我们不禁要思考这些政策对企业和税制的影响。一方面,这些优惠政策在一定程度上鼓励了某些行业或企业的发展,为它们提供了更多的机会和动力。然而,另一方面,这也增加了税制的复杂性,使得税收制度变得更加难以理解和操作。这些税收优惠政策的存在,不仅增大了税务机关的监管难度,也给企业带来了更多的税务风险。企业需要花费更多的时间和精力去理解和遵守这些政策,这无疑增加了企业的运营成本。同时,这也可能导致一些企业因为无法适应复杂的税收环境而错失发展机会。因此,我们建议对现有的税收优惠政策进行一些调整。一种可能的策略是合并或取消部分税收优惠。这样做不仅可以简化税制,使其更加清晰明了,便于企业和税务机关的理解和遵守,也能够降低企业的税收负担。合并或取消部分税收优惠,意味着我们需要对现有的优惠政策进行全面的梳理和评估。哪些优惠政策的实施效果不佳,或者已经过时,需要进行调整或取消?哪些优惠政策的实施效果较好,可以继续保留并优化?这是一个需要深入研究和讨论的问题。此外,考虑到取消部分税收优惠可能会对某些行业或企业产生的影响。一些企业可能因为取消了某些优惠而面临更大的税收负担,这就需要我们制定相应的过渡政策和扶持措施,以帮助这些企业渡过难关。简化税制、降低企业税收负担是一个值得我们深入探讨的问题。我们需要通过合理的政策调整,使得税制更加简单明了,也能够降低企业的税收负担,促进企业的发展。这不仅有利于企业的长期发展,也有利于整个社会的经济发展。

(二)税收优惠与激励政策

1. 鼓励创新与研发投入

鼓励企业进行税收政策的创新与研发投入,可以提高企业的竞争力和创新能力,同时也可以推动税收政策的不断完善和优化。以下是一些可能的措施。

(1)税收政策激励。

在当前的经济发展环境中,企业作为推动社会进步的重要力量,其创新能力和研发投入水平对于国家整体经济实力的提升具有至关重要的影响。为了鼓励企业进行税收政策的创新与研发投入,可以制定一些针对性的税收政策。一方面,我们可以考虑对企业在一定时期内对创新税收政策取得的成果所缴纳的税款进行一定的税收减免或返还。这样的政策能够激励企业积极探索新的税收政策模式,以期达到降低成本、提高效率、增加收益的目的。同时,这也能够促进企业之间的良性竞争,推动整个行业的发展。另一方面,也可以考虑对企业的研发投入进行一定比例的税前抵扣。研发投入是企业长期发展的基础,也是推动科技进步和产业升级的关键。通过税前抵扣等政策,我们可以减轻企业的经济压力,鼓励企业加大研发投入,提高自主创新能力,从而推动整个社会的技术进步和产业升级。此外,还可以考虑其他一些税收优惠政策,如对创新型企业给予一定的税收宽限期,或者对创新型企业提供更多的融资支持等。这些政策可以为企业提供更多的发展空间和机会,帮助企业更好地应对市场变化和竞争压力。通过这些政策的实施,我们可以激发企业的创新活力,推动整个社会的科技进步和产业升级,为国家的经济发展和社会进步做出更大的贡献。

（2）研发费用加计扣除。

对于企业的研发投入，我们应当给予更多的关注和支持。实际上，允许企业在计算应纳税所得额时对研发投入进行加计扣除，是一种非常有效的政策手段，可以鼓励企业增加对研发的投入。这种政策不仅有助于降低企业的税收负担，而且能够显著提高企业的研发能力和市场竞争力。在竞争激烈的市场环境中，企业要想立于不败之地，就必须不断创新，不断投入研发，以保持自身的竞争优势。因此，政府通过实施这种加计扣除政策，可以有效地激发企业的研发热情，促使企业将更多的资源投入到研发工作中。此外，这种政策还有助于培养和吸引更多的优秀人才加入研发领域中来。因为对于人才来说，他们更看重的是自身价值的实现和事业的发展空间，而不仅仅是薪酬待遇。因此，政府通过实施这种加计扣除政策，可以吸引更多的优秀人才投入到企业的研发工作中，从而为企业的长远发展提供强有力的支持。当然，实施这种政策也需要考虑到一些具体的问题和细节。例如，如何界定研发投入的范围和标准？如何确保政策的公平性和透明性？如何防止企业利用政策漏洞进行不当操作？这些问题都需要我们在实践中不断探索和解决。对于企业的研发投入，我们应当给予更多的关注和支持，通过实施加计扣除政策等措施，鼓励企业增加研发投入，提高研发能力和市场竞争力，从而为我国的经济发展注入更多的动力。

（3）政府采购支持。

通过采购企业的创新产品和服务，我们可以为企业的税收政策创新和研发投入提供有力的支持。这种采购需求不仅能够帮助企业获得稳定的销售渠道和市场份额，还能有效地降低企业的市场风险，提高企业的创新动力。首先，采购创新产品和服务可以为企业带来稳定的销售渠道。这意味着企业可以持续地获得订单，从而减少了由于市场波动而导致的销售不稳定的风险。这对于那些依赖销售收入的企业来说尤为重要，因为稳定的销售渠道可以确保他们有足够的资金来支持研发，从而推动创新。其次，通过采购，企业可以扩大市场份额。当企业通过采购与更多的合作伙伴建立联系时，他们可以共同推动市场的发展，从而扩大市场份额。这种合作模式不仅可以增强企业的市场地位，还能为整个行业的发展做出贡献。此外，采购创新产品和服务还可以帮助企业降低市场风险。在市场竞争激烈的环境下，企业可能会面临各种不确定因素，如市场需求的变化、竞争对手的策略等。通过采购创新产品和服务,企业可以降低这些风险,因为这些产品和服务通常具有更高的质量和竞争力,能够更好地满足市场需求。最后,采购创新产品和服务还可以提高企业的创新动力。当企业看到合作伙伴对其产品的积极反馈时,他们通常会更有动力去研发新的产品和服务,以满足不断变化的市场需求。这种良性循环可以推动整个行业的创新和发展。

(4)建立创新平台和合作机制。

当然,建立创新平台和合作机制是一个非常有价值的想法。这样的平台和机制可以有效地促进企业、高校和研究机构之间的合作与交流,从而推动税收政策研究和科技创新活动的开展。通过这样的平台和机制,我们可以实现资源共享,优势互补,加快税收政策创新与技术研发的进程。首先,这样的平台和机制可以为企业提供更多的机会,让他们能够与其他机构共享他们的资源和专业知识,从而加速他们的研发进程。同时,高校和研究机构也可以通过这样的平台,将他们的研究成果应用于实际,从而推动税收政策的创新。其次,这样的合作机制还可以促进各方的优势互补。企业可以利用高校和研究机构的研发能力,而高校和研究机构则可以利用企业的市场资源和商业头脑。通过这样的互补性合作,我们可以更好地推动税收政策的创新和技术研发。此外,这样的平台和机制还可以为各方提供一个良好的交流环境。通过定期的会议、研讨会和网络研讨会等活动,各方可以分享他们的想法、经验和知识,从而促进彼此的进步。建立创新平台和合作机制是一个非常有价值的策略,可以帮助我们加快税收政策创新和技术研发的进程。通过这样的平台和机制,我们可以实现资源共享、优势互补,从而推动我们国家的科技创新和经济发展。因此,我们应该积极推动这样的平台和机制的建设,并鼓励更多的企业、高校和研究机构参与其中。

(5)提供融资支持。

当然,我们可以引导金融机构为企业的税收政策创新与研发投入提供融资支持,帮助企业解决资金瓶颈问题。为了实现这一目标,我们可以采取以下措施:首先,设立专项基金。金融机构可以设立专门的基金,用于支持企业研发和创新活动。这些基金可以由政府或金融机构提供资金,并由专门的团队进行管理,以确保资金的有效利用。其次,提供低息贷款。金融机构可以为企业提供低息贷款,以降低企业的融资成本。这些贷款可以用于企业的研发、生产、市场营销等方面,帮助企业降低成本,提高效率,从而更好地发展。此外,我们还可以考虑其他融资方式,如股权融资、债券融资等。这些融资方式可以帮助企业获得更多的资金来源,扩大融资渠道,降低融资风险。通过这些措施,我们可以为企业的发展提供资金保障,帮助企业解决资金瓶颈问题,促进企业的发展和壮大。同时,这也将有助于推动经济的可持续发展和科技创新的进步。

2. 支持中小企业发展

中小企业是我国经济的重要组成部分,支持中小企业发展对于促进经济增长、推动创新、增加就业等方面都具有重要意义。以下是一些支持中小企业发展的税收政策措施。

(1)降低税率。

针对中小企业,建议适当降低企业所得税的税率。这是因为中小企业的资金和资源相对较少,承受税收负担的能力相对较弱。降低企业所得税税率可以有效地减少企业的税收负担,使企业有更多的资金和资源用于扩大生产、提高产品质量、加强市场营销等方面,从而提高企业的盈利能力和市场竞争力。

具体来说,降低企业所得税税率可以通过以下几个方面实现:首先,可以调整税收政策,将企业所得税税率下调一定的幅度,以减轻企业的税收负担。这不仅可以提高企业的营利水平,还可以增强企业的市场竞争力,使其在激烈的市场竞争中更具优势。其次,可以优化税收制度,简化税收流程,减少企业的纳税成本。这样可以提高企业的效率,使其有更多的时间和精力投入到生产和经营中,从而促进企业的发展。最后,可以加强税收监管,确保企业依法纳税,避免偷税、漏税等违法行为的发生。这样可以保障税收的公平性和透明度,也可以增强企业的信誉和形象。

(2)加大研发费用加计扣除力度。

对于中小企业的研发投入,建议加大加计扣除的力度。这是一个非常有效的政策工具,可以帮助企业降低研发投入的成本,从而鼓励企业增加对科技创新的投入。具体来说,加计扣除政策允许企业在计算其所得税时,将一定比例的研发投入从应税收入中扣除,相当于给予企业一笔无息贷款,鼓励企业将更多的资金投入到研发活动中。这样不仅可以减轻企业的经济负担,能激励企业积极开展科技创新,提高企业的创新能力和市场竞争力。此外,还可以考虑制定一些配套措施,如提供税收优惠、加强知识产权保护等,以进一步增强政策的吸引力,吸引更多的中小企业参与科技创新。同时,还可以通过加强政策宣传和培训,帮助中小企业更好地理解和利用相关政策,提高其研发投入的效益。

（3）扩大税收优惠政策范围。

当然,将更多的中小企业纳入税收优惠政策范围是一个值得考虑的策略。对于中小企业来说,他们往往面临着资金短缺、技术力量薄弱等困难,因此,适当的税收优惠政策可以有效地帮助他们减轻负担,增强他们的竞争力。具体来说,可以将一些符合条件的中型企业,如高新技术企业、小微企业等纳入税收优惠政策的范围之内。这些企业通常具有较强的创新能力和发展潜力,通过给予他们税收优惠,可以激励他们进行更多的技术创新,提高生产效率,进而扩大生产规模,为社会创造更多的就业机会和经济效益。此外,我们还可以进一步优化税收优惠政策的具体实施方式,例如,可以采取税收减免、税收抵免、税收返还等不同的方式,根据企业的实际情况和需求进行灵活调整。同时,还可以考虑建立一套完善的监督机制,确保税收优惠政策的公平、公正和透明,避免出现滥用政策、不正当竞争等问题。

（4）简化纳税流程。

为了降低中小企业的纳税成本和时间成本,提高企业的纳税效率和合规性,我们可以采取以下措施:首先,简化纳税流程是至关重要的。政府应该对税收法规进行全面梳理,简化烦琐的申报流程,减少不必要的中间环节,使中小企业能够更方便快捷地完成纳税申报。同时,政府还可以提供在线申报平台,方便企业在线提交申报材料,减少纸质材料的传递和审批流程,提高申报效率。其次,推行电子申报和缴税也是降低纳税成本的有效方式。政府可以建立完善的电子申报和缴税系统,提供在线申报、电子签名、电子缴税等服务,使企业能够通过电子渠道完成纳税申报和缴税,减少人力和物力的投入。此外,政府还可以提供税收优惠政策,鼓励企业采用电子申报和缴税方式,降低企业的税收负担。除了以上措施外,中小企业自身也需要加强纳税合规性。企业应该建立健全的财务管理制度,规范财务流程,确保纳税申报的准确性和及时性。同时,企业还应该加强税务培训,增强员工的税务意识和合规意识,确保企业能够遵守税收法规,避免因违规行为而遭受处罚。

第三节　其他税种改革与创新

其他税种的改革与创新也是税收政策的重要组成部分,对于促进经济发展和优化资源配置具有重要意义。以下是一些其他税种改革与创新的措施。

一、消费税改革

随着经济的发展和人民生活水平的提高,消费税作为国家税收的重要组成部分,其征收范围和税率也需要进行相应的调整。考虑到当前消费市场的实际情况,我认为可以考虑调整消费税的征收范围和税率,加强对高档消费品、奢侈品等商品的消费税征收和管理。

明确消费税的征收范围。当前,消费税的征收范围主要集中在一些日常生活必需品上,而对于高档消费品、奢侈品等商品的税收管理相对较弱。因此,我们需要扩大消费税的征收范围,将更多的高档消费品、奢侈品纳入征收范围,从而增加税收收入,更好地平衡国家财政支出。

调整消费税的税率。对于一些高档消费品、奢侈品等商品,其价格相对较高,但实际价值并不一定很高。因此,我们可以适当降低这些商品的税率,以鼓励消费者更多地购买这些商品,同时可以增加税收收入。当然,在调整税率时,考虑到不同商品的实际价值和使用情况,应避免出现过度调整的情况。

除了调整征收范围和税率外,我们还可以采取其他措施来加强对高档消费品、奢侈品等商品的消费税征收和管理。例如,推行消费税电子发票等措施。电子发票具有方便快捷、易于保存、不易篡改等特点,可以有效地提高税收征管的效率和透明度。同时,电子发票还可以减少税收流失的风险,提高税收征管的质量和效率。

二、土地使用税改革

随着城市化进程的加快,土地资源的重要性日益凸显。为了更好地管理和利用土地资源,我们有必要完善现有的土地使用税制度。本节将从扩大征收范围、调整税率和减免政策、加强征收和管理等方面,提出一些具体的建议。

首先,扩大土地使用税的征收范围是必要的。除了现有的商业用地、住宅用地等,可以考虑将工业用地、农业用地等纳入征收范围。这样可以更好地体现税收公平性,也有助于引导各类用地合理发展。进一步完善土地使用税制度。具体来说,应合理设置税率和减免政策。税率设置应考虑地区差异、土地用途、土地使用强度等因素,以确保税收的公平性和合理性。同时,应适当设置减免政策,如对农业用地、生态用地等给予一定的税收优惠,以鼓励可持续发展。此外,加强土地使用税的征收和管理也是至关重要的。应建立完善的征收管理制度,确保税收收入及时、足额入库。同时,应加强对土地使用情况的监管,防止偷逃税行为。除了上述措施,我们还可以将土地使用税用于支持城市基础设施建设等公益事业。这不仅可以提高土地使用税的社会效益,还可以促进城市基础设施的改善,提高居民的生活质量。具体而言,可以将部分土地使用税收入用于城市绿化、道路建设、公共设施建设等方面,以改善城市环境,提高居民的生活品质。

扩大土地使用税征收范围、调整税率和减免政策、加强征收和管理以及将土地使用税用于支持城市基础设施建设等公益事业,是完善土地使用税制度、提高土地使用税社会效益的重要举措。通过这些措施的实施,我们可以更好地管理和利用土地资源,促进城市的可持续发展。

三、资源税改革

随着社会经济的发展,资源税作为一项重要的环境税收政策,其征收范围、制度完善、税率设置、减免政策以及征收管理等方面的问题日益受到关注。考虑到资源税的经济效益和环境效益,我们有必要考虑扩大资源税征收范围,完善资源税制度,合理设置税率和减免政策,加强征收和管理。

首先,扩大资源税征收范围是必要的。除了传统的矿产资源,我们可以考虑将水资源、森林资源、土地资源等纳入征收范围。这些非传统资源的开发利用对环境的影响日益严重,通过征收资源税,可以引导开发者更加重视资源的保护和可持续利用。在完善资源税制度方面,我们需要考虑如何根据不同资源的特性和开发方式,制定差异化的税率和减免政策。例如,对于不可再生资源,税率可以适当提高,以鼓励开发者加大投入,加快技术研发,提高开采效率;对于可再生资源,税率可以适当降低,以促进开发者更多地使用这些环保资源。此外,我们还可以推行资源税从价计征的措施。这种方式下,资源税不再以数量为基础,而是以价格为依据。这样可以更好地反映资源的真实价值,提高资源税的征收效率。同时,从价计征也有助于减少对市场价格的过度干预,有利于资源的自由交易和市场调节。

在提高资源税经济效益方面,除了增加税收收入,考虑如何将资源税与经济发展相结合。例如,可以将资源税的征收与环保政策相结合,鼓励开发者采用环保技术,减少环境污染。同时,通过合理的税率设置和减免政策,可以促进资源的合理配置和有效利用,增强经济发展的可持续性。在环境效益方面,加强资源税的征收和管理,可以有效地抑制过度开采和浪费行为。同时,推行从价计征等措施,可以促进资源的循环利用和可持续发展。这将有助于改善环境质量,实现经济与环境的协调发展。

扩大资源税征收范围、完善制度、合理设置税率和减免政策、加强征收和管理以及推行从价计征等措施是提高资源税经济效益和环境效益的关键。这些措施的实施不仅可以增加税收收入,还可以促进资源的合理利用和环境保护。然而,在实施过程中,考虑到不同地区、不同资源的具体情况,制定差异化的政策措施,以确保资源税征收的公平性和有效性。

四、房产税改革

在当前的税收体系中,房产税作为一项重要的地方税种,其征收范围、税率设置、减免政策以及征收管理等方面仍有待完善。首先,我们可以考虑扩大房产税的征收范围。不仅仅是对拥有多套房产的富裕阶层进行征税,而是将房产税覆盖更多的房产持有者,包括一些企业和个体户等。这样不仅可以增加税收收入,还能够起一定的社会公平作用。进一步完善房产税制度。在征收过程中,需要明确计税依据、税率标准、减免政策等具体规定,确保税收的公平性和透明度。同时,针对不同地区的实际情况,可以合理设置税率和减免政策,以适应不同地区的发展水平和房地产市场状况。此外,加强房产税的征收和管理。建立完善的征收体系,确保税收收入的及时足额入库。同时,加强对房产税征收的监督和管理,防止出现偷税、漏税等现象。除了上述措施,我们还可以考虑将部分房产税用于支持保障性住房建设等公益事业。保障性住房是解决低收入群体住房问题的重要手段,通过将部分房产税收入用于保障性住房建设,可以更好地发挥房产税的社会效益。同时,这能够促进房地产市场的健康发展,稳定市场预期。扩大房产税征收范围、完善房产税制度、合理设置税率和减免政策、加强房产税的征收和管理,以及将部分房产税用于支持保障性住房建设等公益事业,是我们当前可以考虑的几个重要措施。这些措施的实施,将有助于提高房产税的社会效益,促进房地产市场的健康发展。

第六章　财政税收风险防范与管理

第一节　财政税收风险的识别与评估

一、财政税收风险的识别

（一）税收收入风险

税收收入风险是企业管理中一个不可忽视的重要风险点。它涉及税收收入是否稳定、及时，以及是否存在潜在的税收漏洞。对于企业来说，税收收入的稳定性是衡量其财政状况的重要指标，如果税收收入不稳定，可能会影响企业的正常运营和决策。对于地区来说，稳定的税收收入也是财政支出的重要保障，它关系着地方政府的公共服务、基础设施建设等重大事项能否得到有效实施。其次，税收收入的及时性也是税收收入风险的重要组成部分。如果税收收入不能及时入库，财政资金的调度和使用就会受到影响，甚至会影响整个地区的经济运转。这是因为财政资金是政府进行宏观调控的重要工具，如果资金调度不及时，就会影响政策的实施效果，进而影响整个地区的经济发展。除了稳定性和及时性，税收收入的风险还涉及是否存在潜在的税收漏洞。税收漏洞是指企业在纳税过程中存在的未被充分利用或未被发现的税收优惠或政策。如果企业利用这些漏洞少缴税款，就会导致国家税收流失，这对国家和社会来说都是一种损失。因此，企业管理者应该加强对税收政策的了解和研究，及时发现并弥补潜在的税收漏洞，确保企业合法合规地纳税。税收收入风险是一个复杂而又重要的风险点。企业管理者应该加强对税收收入的监控和管理，确保税收收入的稳定、及时和合法合规。同时，政府相关部门也应该加强对税收政策的制定和执行，确保税收政策的公平性和有效性，从而促进经济的健康发展。只有在税收政策公平、合理、有效的基础上，才能保证税收收入的稳定和及时，进而促进整个社会的经济发展。

(二)税收征管风险

税收征管风险是一个不容忽视的问题,它涉及税务登记、纳税申报、税款征收等多个方面。首先,税务登记不准确是税收征管风险之一。如果企业在税务登记方面存在错误或遗漏,税务机关就无法准确了解企业的经营状况和财务状况,这不仅会影响税务机关对企业的监管,还可能导致企业无法享受应有的税收优惠,进而影响企业的正常运营。因此,企业应该认真对待税务登记,确保信息的准确性和完整性。其次,纳税申报不完整也是税收征管风险之一。如果企业未能按照规定的时间和要求提交完整的纳税申报表,税务机关就无法全面掌握企业的纳税情况,这可能会导致漏征税款或重复征税等问题。此外,如果企业存在偷税、逃税等违法行为,不仅会受到法律的制裁,还会严重影响企业的声誉和信誉。此外,税款征收不充分也是税收征管风险之一。如果税务机关在征收税款时存在不公平、不公正的现象,或者对某些企业采取过于宽松或过于严格的征收标准,这可能会影响其他企业的公平竞争环境和税收征管工作的整体效果。同时,税务机关还应该加强对企业的监管和指导,帮助企业更好地理解和遵守税收法规,增强企业的纳税意识和遵从度。为了降低税收征管风险,企业和税务机关都应该认真对待税收征管工作。

(三)税收政策风险

税收政策风险是企业经营中不可忽视的一个重要因素。税收政策的变化和调整,可能会给企业带来经济利益上的损失。首先,税收政策的变化和调整可能会影响企业的经营成本。如果税收政策变得更加严格,企业需要增加税收申报的频率和数量,这不仅会增加企业的财务负担,还会影响企业的经营效益。如果税收政策变得更加优惠,企业可能会享受到税收减免和税收优惠,但这也会增加企业的税收负担,从而影响企业的利润水平。其次,税收政策的变化和调整还可能会影响企业的投资决策。如果税收政策的变化导致企业预期的收益下降,企业可能会减少投资或者推迟投资计划。企业调整其财务结构或者经营策略以应对可能带来的风险和挑战,也会增加企业的经营风险和不确定性。因此,企业应该密切关注税收政策的变化和调整,及时调整自己的经营策略和财务结构。同时,政府也应该加强税收政策的制定和执行,确保税收政策的稳定性和可持续性。此外,政府还应该加强对税收政策的监督和管理,确保税收政策的公平性和透明度,避免出现偷税漏税等违法行为。企业应该充分认识到税收政策风险的重要性,并采取有效的措施应对可能带来的风险和挑战。同时,政府也应该加强税收政策的制定和执行,为经济的健康发展提供有力的保障。

(四)税收遵从风险

企业或个人是否遵守税收法律法规,这是一个非常重要的问题。如果一个企业或个人违反了税收法律法规,那么他们不仅会面临法律责任,还会损害整个社会的利益。税收法律法规是国家为了维护公共利益,促进经济发展和社会稳定而制定的。企业或个人必须按照税收法律法规的规定,依法纳税,这是他们的义务和责任。然而,一些企业或个人可能会存在偷税、漏税、逃税等违法行为。这些行为不仅违反了税收法律法规,还会对整个社会的经济秩序造成不良影响。偷税是指企业或个人故意隐瞒或少报应纳税额的行为,漏税是指由于疏忽或其他原因未能按时缴纳税款的行为,逃税则是指企业或个人通过各种手段故意规避税收监管的行为。如果一个企业或个人被发现存在这些违法行为,他们将会面临严重的法律后果。首先,他们可能会被罚款,并可能被追究刑事责任。其次,他们的声誉和信誉也会受到损害,这可能会对他们的业务和声誉造成长期的影响。因此,作为一个负责任的企业或个人,我们应该遵守税收法律法规,依法纳税。这不仅是我们应尽的义务和责任,也是我们维护社会稳定和经济发展的重要方式。同时,我们也应该积极配合税务部门的工作,提供准确的财务信息,以确保税收的公平和公正。

(五)税务技术风险

随着科技的快速发展,生活和工作方式也在不断变化。然而,这种变化也带来了一些问题,其中之一就是技术原因导致的税收数据不准确和信息系统故障。这些问题的出现不仅影响了税收数据的准确性,还对税务部门的工作效率产生了负面影响。首先,技术原因导致的税收数据不准确是一个非常严重的问题。由于技术设备的故障、网络不稳定、软件系统故障等问题,税务部门无法及时获取准确的税收数据。这不仅会影响税收征收的准确性,还会给纳税人带来不必要的困扰和损失。其次,信息系统故障也是当前面临的一大问题。由于技术设备老化、软件更新不及时等原因,信息系统经常会出现故障,导致税务部门无法正常工作。这不仅会影响税务部门的工作效率,还会影响纳税人的利益。

(六)税务信誉风险

纳税信用状况是企业和个人在税务领域中非常重要的一个指标,它反映了企业和个人的纳税遵从度,即其遵守税收法规、按时缴纳税款、及时申报纳税等方面的表现。然而,由于税收法规的复杂性和涉税问题的多样性,企业和个人的纳税信用状况可能会受到各种因素的影响。首先,如果企业和个人涉及偷税、逃税、骗税等违法行为,被税务机关查处并给予处罚,这将会严重影响其纳税信用等级。这类行为不仅违反了税收法规,也损害了整个社会的公平正义,因此受到法律的严惩是理所当然的。其次,如果企业和个人存在未按照规定期限办理税务登记、未按照规定设置账簿或者申报纳税等违反税收法规的行为,被税务机关责令限期改正而未改正的,也可能会被列入税收违法黑名单。这类行为虽然不涉及偷逃骗税等严重违法行为,但同样会影响企业的信誉和形象,对企业的经营和发展产生负面影响。另外,如果企业和个人的纳税信用状况因为其他原因受到质疑或投诉,经过调查核实后也可能会被列入税收黑名单。例如,如果存在虚假申报、隐瞒收入、虚开发票等行为,被其他纳税人或相关机构举报并经核实后,也会影响其纳税信用等级。企业和个人的纳税信用状况受到多种因素的影响,包括涉税问题是否受到处罚或列入税收黑名单。因此,企业和个人应该遵守税收法规,诚信纳税,保持良好的纳税信用,以获得更好的发展机会和更好的社会形象。

(七)税务成本风险

企业或个人在税务方面的成本支出是否合理,是一个复杂且敏感的问题,涉及许多因素,包括但不限于企业的运营模式、业务性质、规模、地理位置、员工的数量和薪资水平,以及个人的收入、支出、资产和负债状况等。首先,税务成本的高低取决于各种税种的税率、税基、扣除项目等因素。例如,如果一个企业涉及大量销售或服务收入,那么它可能需要支付增值税或销售税。如果企业雇用了大量员工,那么它可能需要支付员工薪金税。此外,企业可能还需要考虑各种特殊目的税(如分红税、资产转让税等)。然而,税务成本是否合理并不只是看税收金额的绝对值,更重要的是看它是否与企业或个人的经济状况相匹配。如果企业的税负过重,可能会影响其运营效率和盈利能力,甚至可能导致企业破产。对于个人而言,过高的税务成本可能会影响他们的生活质量和投资能力。那么,是否存在过高的税务成本呢?这需要具体分析具体情况。有些情况下,税务成本可能确实过高,可能是因为政策制定存在问题,或者税务机关在执行税收政策时存在偏差。然而,在许多情况下,税务成本可能只是反映了企业或个人的经济状况和业务性质。企业或个人在税务方面的成本支出是否合理,是否存在过高的税务成本,需要具体问题具体分析。如果感到税负过重,可以寻求专业的税务咨询,以确保自己的税务处理是合法且合理的。

二、财政税收风险的评估

财政税收风险评估是指对财政税收领域存在的各种风险进行识别、分析和评价的过程。以下是财政税收风险评估的一般步骤。

(一)风险识别

税收收入风险是财政税收领域中最为重要的风险之一。如果税收收入不能稳定增长,那么政府的财政状况就会受到严重影响。这可能是由于经济环境的变化、政策调整、税收政策执行不到位等因素导致的。税收制度风险也是不可忽视的。如果税收制度设计不合理,或者执行不到位,就可能导致税收流失,影响政府的财政收入。此外,税收制度的不公平性也可能引发社会不满,影响政府的形象和公信力。税收征管风险也是财政税收领域中常见的风险之一。如果税务机关的征管能力不足,或者存在人为因素导致的征管漏洞,就可能导致税收流失。此外,税务机关与纳税人之间的信息不对称也可能引发风险。此外,税收优惠政策风险也是财政税收领域中需要关注的问题。如果税收优惠政策设计不合理,或者执行不到位,就可能导致税收优惠政策的预期目标无法实现,甚至可能引发不公平现象。税源风险和税收遵从风险也是财政税收领域中需要关注的问题。如果税源不稳定或者存在大量潜在的偷逃税行为,就可能导致财政收入的波动或者财政状况的恶化。

财政税收领域的风险是多方面的,需要政府、税务机关和社会各方面共同努力,加强税收征管、完善税收制度、优化税收优惠政策、提高纳税人的遵从度等方面的工作,以降低财政税收领域的风险,保障财政收入的稳定增长。

(二)风险评估

在识别出风险之后,我们需要对其进行深入的分析和评价,以确保我们能够全面了解风险的情况,并采取相应的措施来应对。这一步骤需要使用定量和定性评估方法,以确保我们对风险进行客观、准确的评估。

对风险的大小进行评估。这通常涉及对可能发生的后果进行量化,例如经济损失、人员伤亡、时间损失等。我们可以通过概率统计、数学模型等方法来计算风险的大小,以便我们能够更准确地了解风险可能造成的潜在影响。例如,如果风险可能导致经济损失,我们可以使用概率统计来预测可能的经济损失金额,从而更好地了解风险的影响程度。

对风险的概率进行评估。这涉及对风险发生的可能性进行评估,可以使用概率统计、历史数据等方法来进行。通过分析风险发生的频率和持续时间,我们可以更好地了解风险发生的可能性,从而制定相应的应对策略。例如,如果风险发生的可能性较高,那么我们需要考虑增大应对措施的力度,增强其复杂性,以确保能够有效地应对风险。

对风险可能造成的影响进行评估。这涉及对风险可能带来的后果进行定性分析,例如对业务运营、客户满意度、品牌形象等方面的影响。我们可以通过专家评估、问卷调查等方法来获取相关人员的意见和建议,以便更全面地了解风险可能造成的影响。同时,考虑到各种可能的风险因素,例如市场环境的变化、竞争对手的行为等,以便我们能够全面地应对各种潜在的风险。

在进行风险评估时,我们需要确保评估方法的科学性和准确性,以便我们能够更好地了解风险的情况,并制定出更有效的应对策略。此外,考虑到各种可能的风险因素和变化因素,以便我们能够灵活地应对各种潜在的风险情况。只有这样,我们才能确保业务运营稳定、安全,并为客户提供更好的服务体验。

(三)风险排序

在进行风险评估后,我们需要对风险进行排序,以便确定优先处理的风险。在排序过程中,我们需要考虑多个因素,包括风险的大小、紧急程度和处理难度等。这些因素都是非常重要的,因为它们可以帮助我们更好地了解风险,并确定如何应对它们。

风险的大小是一个重要的考虑因素。这意味着我们需要评估每个风险可能带来的潜在后果,以及这些后果的严重程度。例如,如果一个风险可能导致公司财务损失数十万甚至数百万美元,那么这个风险就比一个只会造成轻微损失的风险更大。因此,我们需要优先处理那些可能造成巨大损失的风险。紧急程度也是一个需要考虑的因素。这意味着我们需要评估每个风险对组织或个人当前或未来可能产生的影响。紧急程度高的风险意味着组织或个人可能面临巨大的压力和不确定性,因为它们可能会在短时间内造成严重的后果。因此,我们需要优先处理那些紧急程度高的风险,以便尽快采取行动来减轻潜在的损失或影响。最后,处理难度也是一个需要考虑的因素。这意味着我们需要评估每个风险处理所需的时间、资源和技能。有些风险可能很容易处理,而有些风险可能需要大量的时间和资源才能有效应对。因此,我们需要优先考虑那些相对容易处理的风险,以便我们能够尽快完成风险处理工作。

（四）风险应对策略制定

针对排序后的风险,制定相应的风险应对策略是至关重要的。考虑到当前税收环境中的复杂性和不确定性,我们需要采取一系列综合性的应对策略来应对可能的风险。以下是一些可能的策略。

完善税收制度是至关重要的。我们需要根据当前的经济形势和税收政策环境,对税收制度进行全面的审查和修订。这可能包括对某些税种的重新定义、对税率进行调整,以及对税收条款进行更加明确和具体的规定。通过这种方式,我们可以确保税收制度的公平性和透明度,并减少因制度漏洞而产生的风险。加强税收征管也是非常重要的。我们需要建立更加严格的税收征管体系,确保税收的征收和管理得到有效执行。这可能包括加强税务稽查、提高税收征管人员的专业素质,以及加大对偷逃税行为的惩罚力度。通过这种方式,我们可以有效打击偷逃税行为,并减少因税收征管不力而产生的风险。此外,规范税收优惠政策也是必要的。我们需要确保税收优惠政策得到公平、公正和合理的执行,避免出现滥用或误用的情况。这可能需要对税收优惠政策的执行情况进行定期评估和审查,以确保其符合相关法律法规和政策要求。

除了上述措施,我们还可以考虑优化税源结构。这可能包括对税源的重新布局和调整,以确保税收收入的稳定性和可持续性。此外,我们还可以考虑提高纳税人遵从度,通过教育和宣传等方式,提高纳税人对税收法规和政策的了解和遵守程度。

针对排序后的风险，我们可以通过完善税收制度、加强税收征管、规范税收优惠政策、优化税源结构以及提高纳税人遵从度等措施来制定相应的风险应对策略。这些措施不仅可以有效减少税收风险，还可以提高税收征收和管理效率，促进税收收入的稳定增长。当然，这些应对策略的实施需要得到相关政府部门、税务机构和纳税人的共同努力和支持。政府部门需要加强对税收政策的制定和执行，税务机构需要提高征管效率和执法力度，纳税人则需要积极了解和遵守税收法规和政策，共同营造一个公平、公正、透明和高效的税收环境。此外，考虑引入更多的科技手段和技术工具来辅助应对税收风险。例如，可以利用大数据和人工智能等技术对纳税人的纳税情况更加精准地评估和监测，及时发现和解决潜在的风险问题。同时，我们还可以加强与其他国家和地区税务机构的合作与交流，共同应对全球范围内的税收风险和挑战，促进全球税收环境的改善和发展。

（五）风险评估报告

风险评估报告是将风险评估的结果和应对策略以报告的形式呈现出来，以便决策部门参考的重要工具。报告的内容应全面且详尽，包括风险识别、评估、排序和应对策略等各个方面，同时，也应包含对未来风险的预测和建议。首先，风险识别是报告的基础部分，它需要详细列出可能存在的各种风险，包括但不限于市场风险、信用风险、操作风险、法律风险等。这些风险的识别需要基于对当前环境和业务状况的深入理解，以及对市场动态的敏锐洞察。其次，风险评估是对识别出的风险进行量化分析的过程，通过使用适当的评估方法，如概率—影响分析，可以确定这些风险发生的可能性以及可能产生的后果。这一步的结果将为下一步的排序提供依据。在排序阶段，风险应按照其潜在影响和发生可能性的大小进行排列。这一过程通常需要专业的风险管理技能和工具，以确保结果的客观性和准确性。最后，应对策略部分应根据风险评估的结果制定，包括风险减轻、风险转移、风险接受和风险规避等策略。这些策略应具体、可行，并考虑到实施成本和可能的影响。

此外，报告还应包含对未来风险的预测和建议。这需要定期进行市场和业务环境分析，以了解潜在的新风险，并制定相应的应对策略。这些预测和建议应具有前瞻性，帮助决策部门做好准备，降低未来风险的影响。一份优秀的风险评估报告应该全面、准确、及时,并提供切实可行的应对策略和建议,以帮助决策部门做出明智的决策,确保业务的稳定和成功。

第二节 财政税收风险的控制与化解

一、完善税收的相关法律法规

在当今的税收环境中,税收法律法规的明确性和可操作性对于减少税收风险至关重要。自由裁量权的存在,无论是在征管过程中还是在具体个案中,都可能引发一系列问题。为了应对这一挑战,我们需要进一步完善税收法律法规,以降低税收风险。

明确税收法律法规的内容,确保其清晰、准确,并具有明确的指导意义。这需要我们深入了解各种税收法规,包括但不限于所得税法、增值税法等,并据此制定出更加具体和可操作的条款。此外,对现有法规进行定期审查和更新,以适应不断变化的经济环境。减少税收征管过程中的自由裁量权。这需要我们建立严格的税收征管规则和程序,以确保所有纳税人都能得到公平、公正的对待。此外,加强对税务官员的培训,以提高他们的专业素质和道德水平,使他们能够更好地理解和遵守税收法律法规。然而,仅仅完善税收法律法规是不够的,应采取一系列措施来确保这些法规得到有效执行。这包括建立有效的税收监管机制,加强对税务官员的监督和评估,以确保他们正确地理解和执行税收法规。同时,建立有效的反馈机制,以便及时发现和纠正任何违反法规的行为。在实施这些措施的过程中,我们需要充分考虑纳税人的需求和利益,与纳税人建立良好的沟通和合作关系,以确保他们能够理解并遵守税收法规。此外,提供必要的培训和支持,帮助他们了解如何正确地纳税,并降低他们的税收风险。

通过完善税收法律法规、增强高税收法律的明确性和可操作性、减少税收征管过程中的自由裁量权以及建立有效的反馈机制等措施,我们可以有效地降低税收风险。这不仅有助于提高税收管理的效率和质量,也有助于营造一个公平、公正、透明的税收环境。因此,我们应该继续加强税收法律法规的完善工作,以确保所有纳税人都能享受到公平的待遇和合法的权益。

二、加强税收征管

通常情况下,政府收入的主要来源则是税收,这也是治理国家的关键因素。然而,税收流失问题一直是一个严峻的挑战,需要我们采取切实有效的措施来解决。本书将围绕加大税收征管力度、提高征管效率和透明度、加大对违法行为的打击力度、维护税收秩序、降低税收流失风险等方面展开论述。我们要充分地认识到税收征管的重要性,税收征管是指政府通过一系列的法律法规和制度,对纳税人的纳税行为进行监督和管理。它不仅关系着国家的财政收入,也关系着社会的公平正义和稳定发展。因此,加大税收征管力度是当前社会的重要任务之一。

为了提高征管效率和透明度,我们可以采取以下措施。首先,建立完善的税收信息系统,实现税收数据的共享和交换。这样可以提高税务机关的监管效率,及时发现和纠正违法行为。其次,加强税收宣传和教育,增强纳税人的纳税意识和遵从度。这样可以减少漏报、瞒报等现象的发生,降低税收流失的风险。最后,优化税收征管流程,简化审批程序,提高办事效率。这样可以减少纳税人的负担,提高纳税人的满意度。同时,我们不能忽视对违法行为的打击力度。

对于偷税、漏税等违法行为,我们必须采取严厉的打击措施,维护税收秩序。首先,税务机关应该加大执法力度,对违法行为进行严惩。其次,加强与其他执法部门的合作,形成打击税收犯罪的合力。此外,我们还应该加强对纳税人的监督和管理,建立健全的信用体系,对守法诚信的纳税人给予奖励和支持。在实践中,考虑到一些现实问题。例如,一些地区经济发展不平衡,税收征管难度较大。针对这种情况,我们可以采取差别化的税收政策,对经济欠发达地区给予一定的税收优惠和支持,促进地区经济的协调发展。同时,加强对税收征管人员的培训和管理,提高他们的专业素质和工作能力,确保税收征管工作的顺利进行。

三、优化税收政策

优化税收政策设计是一项至关重要的任务,它需要充分考虑经济发展的需要和社会进步的方向。随着经济的快速发展和社会的不断进步,税收政策也需要与时俱进,以适应新的形势和挑战。根据当前的经济形势和社会需求,重新审视税收政策的各个方面,包括税种、税率、税收优惠等。我们需要确保税收政策的设计能够有效地促进经济发展,也能为社会进步提供必要的支持。

合理设置税率和减免政策。税率是税收政策的核心,它直接影响企业和个人的税收负担。因此,我们需要根据实际情况,设置合理的税率,以降低企业和个人的税收负担,促进经济的健康发展。同时,我们也需要设置适当的减免政策,以鼓励企业进行创新和投资,推动社会进步。

此外,保持税收政策的稳定性和连续性。税收政策是政府的一项重要工具,它需要得到公众的信任和支持。如果税收政策频繁变动,不仅会影响企业的经营和投资决策,也会影响公众对政府的信任度。因此,我们需要确保税收政策的稳定性和连续性,以维护经济的稳定和社会的和谐。最后,降低税收政策的风险。税收政策的风险主要来自两个方面:一是政策执行过程中的误差和偏差;二是政策本身的不完善和不科学。因此,我们需要加强税收政策的监管和评估,及时发现和纠正问题,以确保税收政策的科学性和有效性。

四、加强财政监管

为了加大财政监管力度,建立健全的财政监管机制,我们需要采取一系列切实有效的措施。首先,在日常工作中,我们需要加强日常监督,确保财政税收管理的各项规定和制度得到严格执行。同时,建立完善的专项检查机制,定期对财政税收管理工作进行全面检查和评估,及时发现和纠正存在的问题和不足。在日常监督和专项检查中,我们需要注重细节,关注可能存在的风险点和隐患。同时,加强与其他相关部门的沟通和协作,形成合力,共同推进财政税收管理工作。此外,注重培养和提高财政税收管理人员的专业素质和能力,加强培训和学习,使他们能够更好地适应新形势和新要求,提高财政税收管理的质量和效率。通过这些措施的实施,我们可以有效降低财政税收风险,提高财政资金的使用效益,促进财政税收管理的科学化和规范化。同时,不断完善财政监管机制,加强与其他相关部门的协作和配合,形成更加完善的监管体系,确保财政税收管理的安全和稳定。只有这样,我们才能更好地服务于经济社会发展大局,为人民群众提供更加优质的公共服务和保障。

五、建立风险预警机制

为了有效防范财政税收风险,建立财政税收风险预警机制是至关重要的。

通过数据分析、指标监测等方式,可以及时发现和预警潜在的财政税收风险。一旦发现风险,应立即采取相应的应对措施,以化解风险,确保财政税收的安全和稳定。

全面梳理财政税收业务流程,识别关键环节和风险点。这包括对税收政策的理解、税款征收、税务稽查、财务核算等方面。通过深入分析,我们可以发现可能存在的漏洞和潜在风险,为后续的风险预警机制提供基础。接下来,我们需要建立一套科学、合理的指标体系,用于监测财政税收风险。这些指标应涵盖收入、支出、管理等多个方面,并考虑不同地区的实际情况和特点。通过定期收集和分析相关数据,我们可以及时发现异常情况,并采取相应的措施加以应对。在预警机制的基础上,我们需要制定相应的应对措施,以化解潜在的财政税收风险。这包括加强内部控制、完善管理制度、优化业务流程、提高人员素质等方面。同时,我们还应建立风险应急预案,以应对可能出现的突发情况。此外,我们还应加强与其他部门的沟通与协作,形成合力,共同应对财政税收风险。例如,与审计部门合作,加强对财务核算的监督;与税务部门沟通,共同应对税收政策变化带来的风险。

六、增强风险管理意识

为了增强各级领导干部和广大纳税人的风险管理意识,我们需要采取多种方式,包括培训和宣传。针对领导干部进行系统的风险管理培训,让他们了解财政税收风险的特点、成因和防范措施,掌握风险管理的理论和实践知识。同时,我们也需要加强对广大纳税人的宣传教育,通过各种渠道和方式,向他们普及税收法律法规,让他们了解自己的权利和义务,增强他们的纳税意识和遵纪守法观念。通过培训和宣传,我们不仅要让领导干部和纳税人了解风险管理的意义和重要性,更要引导他们自觉遵守税收法律法规,积极配合税收征管工作。各级领导干部应该发挥表率作用,带头遵守税收法律法规,严格依法行政,加强对税收征管工作的监督和管理。广大纳税人也应该积极配合税收征管工作,如实申报纳税,不偷税、逃税、漏税,共同维护良好的税收秩序。除了培训和宣传,加强税收征管工作,建立健全的税收征管制度,完善税收征管手段和方法,提高税收征管效率和质量。同时,我们也需要加强与其他部门的合作和协调,形成合力,共同防范和化解财政税收风险。只有各级领导干部和广大纳税人共同努力,才能共同防范和化解财政税收风险,维护国家财政税收安全和稳定。

七、加强国际合作

加强国际税收合作,共同打击国际逃避税等违法行为,这是当前全球税收治理的重要任务之一。为了实现这一目标,我们需要积极参与国际税收规则的制定和改革,以提高国际税收治理能力和水平,降低国际税收风险。积极参与国际税收规则的制定和改革。国际税收规则是各国税收政策的基础,也是各国之间税收合作的重要依据。只有积极参与国际税收规则的制定和改革,才能更好地适应国际税收环境的变化,更好地应对国际逃避税等违法行为。提高国际税收治理能力和水平。这需要我们加强税收监管,完善税收制度,提高税收征管效率,加强税收信息共享和合作。同时,加强与其他国家的税收合作,共同打击跨国逃税行为,维护公平、公正、透明的国际税收环境。降低国际税收风险。国际逃避税等违法行为不仅会影响各国税收收入,还会增加国际税收风险。因此,我们需要加强国际税收合作,共同打击违法行为,维护国际税收秩序,降低国际税收风险。财政税收风险的控制与化解需要从多个方面入手,包括完善法律法规、加强征管和监管、优化税收政策、建立预警机制、增强风险管理意识、加强国际合作等。这些措施可以有效降低财政税收风险,保障财政税收的稳定和可持续发展。

第三节 建立健全风险管理机制

一、建立风险管理组织体系

在现代社会,风险管理已成为企业、政府乃至整个社会都必须重视的问题。为了有效地应对财政税收风险,成立专门的风险管理机构或指定专门的风险管理人员,负责财政税收风险的管理工作,无疑是一个明智的选择。首先,设立专门的风险管理机构或指定专门的风险管理人员,可以更专业、更系统地处理财政税收风险问题。他们可以深入了解财政税收的各个方面,对风险进行全面、深入的分析,从而制定出更有效的风险管理策略。其次,明确风险管理机构和人员的职责和权限,可以确保他们能够高效地开展工作。这不仅可以避免职责不清、互相推诿的情况,还可以提高风险管理工作的效率和质量。此外,建立完善的风险管理流程和制度也是至关重要的。这不仅可以确保风险管理工作的规范化、标准化,还可以提高风险管理工作的透明度和公正性。通过制定明确的风险识别、评估、控制和报告流程,以及相应的制度规范,可以确保风险管理工作的顺利进行。在实践中,风险管理机构或人员需要密切关注财政税收政策的变化,及时调整风险管理策略。同时,他们还需要与其他相关部门密切合作,共同应对可能出现的风险。只有这样,我们才能更好地应对财政税收风险,保障国家和企业的利益。

二、完善风险识别与评估机制

为了建立有效的风险识别与评估机制,我们需要采取一系列措施。通过收集和分析相关数据,及时发现和评估潜在的财政税收风险。这些数据可能包括财务报表、税务记录、业务合同等,我们需要对这些数据进行分析,以便发现可能存在的风险。完善风险评估模型和工具,以增强风险评估的准确性和可靠性。这需要我们不断更新和优化模型,使其能够适应不断变化的市场环境。同时,我们也需要引入先进的工具和技术,如人工智能和大数据分析等,以提高风险评估的效率和效果。此外,建立有效的风险应对机制,以便在风险发生时能够迅速采取措施,将损失降到最低。这可能包括制定应急预案、加强内部控制、优化业务流程等。同时,我们也需要加强员工培训,增强员工的风险意识和应对能力,以确保公司能够有效地应对各种风险。建立风险识别与评估机制是确保公司财务安全和稳健发展的重要手段。通过不断完善风险评估模型和工具,增强风险评估的准确性和可靠性,我们能够更好地应对各种潜在的财政税收风险,为公司的发展提供有力保障。

三、制定风险管理策略与措施

在进行风险评估后,我们需要根据评估结果制定相应的风险管理策略和措施。明确风险偏好和容忍度,这将有助于我们确定风险管理目标和优先级。在制定风险管理措施时,我们需要考虑风险预防、控制和应对等方面。风险预防是指在风险发生前采取措施,以减少风险发生的可能性或减轻其影响。这可能包括修改业务流程、加强内部控制、提高员工培训水平等。风险控制是指在风险发生时采取措施,以控制风险的影响范围和程度。这可能包括紧急应对措施、制订应急计划、调整资源配置等。风险应对是指当风险不可避免时,我们需要采取措施来减轻其影响,并总结经验教训,以避免类似风险的再次发生。在制定具体的风险管理措施时,我们需要充分考虑各种可能的情况和后果,并制定相应的应对策略。同时,考虑风险管理措施的可行性和成本效益,以确保风险管理策略和措施能够得到有效实施。

四、建立风险监控与报告机制

为了确保财政税收风险得到有效监控和及时应对,建立一套完善的风险监控与报告机制至关重要。这套机制应包括实时监测和定期报告两个主要环节,以便在风险发生前及时发现和预警潜在风险,并在风险发生后及时汇总分析风险情况,向相关部门和领导汇报风险管理工作的进展和成果。首先,实时监测是风险监控的核心环节。

为了实现实时监测,我们需要建立一套完善的监测系统,包括但不限于定期收集、分析和评估财政税收数据,以及利用现代技术手段如大数据、人工智能等对数据进行实时分析。通过这种方式,我们能够及时发现和预警潜在的风险,避免风险进一步扩大。其次,定期报告是风险监控的另一重要环节。定期报告不仅包括对实时监测结果的汇总和分析,还包括对风险管理工作的阶段性总结和成果汇报。报告的形式可以多样化,包括但不限于书面报告、口头汇报、视频会议等。通过定期报告,相关部门和领导可以了解风险管理工作的进展情况,及时调整风险管理策略,确保风险管理工作取得最佳效果。

此外,为了确保风险监控与报告机制的有效运行,我们需要建立一套完善的制度规范和流程标准。这包括明确各岗位的职责和权限、制定风险监控与报告的具体流程、明确风险预警标准、定期评估和调整风险监控指标等。通过这些措施,我们可以确保风险监控与报告机制的规范化和标准化,提高风险管理的效率,增强风险管理的效果。

五、加强风险管理培训与意识提升

为了使各级领导干部和广大员工的风险管理意识和能力得到大幅度提升,可以采用多种实施方案,其中,包括培训和宣传。首先,对于领导干部来说,他们需要了解风险管理的基本概念、原则和流程,以便能够更好地指导员工进行风险管理工作。同时,他们也需要掌握一些风险管理的方法和工具,以便能够更好地应对各种风险。对于广大员工来说,他们需要了解公司所面临的各种风险,并掌握一些基本的识别、评估和应对方法。通过培训和宣传,员工可以更好地了解公司的风险状况,并积极参与到风险管理工作中来。除了培训和宣传之外,加强风险管理人员的专业培训。这些人员需要具备丰富的风险管理知识和经验,能够准确识别、评估和应对各种风险。因此,我们需要定期组织一些专业培训活动,提高他们的专业水平,并帮助他们更好地应对各种风险。此外,建立一套完善的考核机制,对风险管理人员的表现进行评估和反馈。通过这种方式,我们可以更好地了解风险管理人员的专业水平和工作表现,并及时发现和解决存在的问题。

六、推动风险管理信息化建设

为了加强风险管理,我们需要加强信息化建设,建立完善的风险管理信息系统。通过这个系统,我们可以实现数据采集、分析、评估、监控等工作的自动化和智能化,从而提高风险管理效率和准确性。收集各种数据,包括客户信息、市场信息、交易信息等,这些数据是进行风险管理的基础。通过建立完善的数据采集系统,我们可以快速、准确地获取这些数据,为后续的风险管理工作提供支持。对收集到的数据进行深入的分析和评估,通过建立完善的数据分析系统,我们可以利用各种算法和模型,对数据进行处理和分析,识别出潜在的风险因素,为后续的风险管理工作提供依据。通过建立完善的风险监控系统,我们可以对风险进行持续的监测和管理,及时发现和解决潜在的风险问题,确保风险管理工作的高效性和准确性。加强风险管理信息化建设是提高风险管理效率和准确性的关键。通过建立完善的风险管理信息系统,我们可以实现数据采集、分析、评估、监控等工作的自动化和智能化,为企业的稳健发展提供有力保障。

七、加强风险管理考核与问责

为了确保企业能够有效地应对各种风险,建立风险管理考核与问责机制是至关重要的。该机制将风险管理纳入绩效考核体系,通过定期评估和考核风险管理工作的成效,对未履行风险管理职责或履职不力的单位和个人进行问责和处理。首先,企业需要明确风险管理工作的目标和责任,并将其纳入绩效考核体系。这意味着企业需要制定详细的风险管理考核标准和方法,以确保风险管理工作的有效性和科学性。这些标准和方法应该考虑到企业的实际情况和业务特点,以确保考核结果的客观性和公正性。其次,企业需要定期评估和考核风险管理工作的成效。这可以通过定期收集和分析相关数据和信息来实现,包括风险事件的发生频率、影响程度、处理时间等。通过这些数据和信息,企业可以评估风险管理工作的效果,发现存在的问题和不足,并及时进行调整和改进。一旦发现未履行风险管理职责或履职不力的单位和个人,企业需要采取相应的问责和处理措施。这可能包括警告、罚款、降职、解雇等。这些措施应该根据企业的实际情况和法律法规进行制定,以确保其合法性和合理性。同时,企业也应该给予相应的奖励和激励措施,以鼓励员工积极参与风险管理工作,提高企业的整体风险管理水平。

八、建立信息共享机制

为了加强财政税收管理部门与其他相关部门的信息共享,提高信息透明度,我们可以采取以下措施:第一,建立有效的信息共享平台。通过建立这样一个平台,我们可以方便地收集、整理和发布财政税收相关的信息,确保信息的及时性和准确性。这个平台可以提供数据分析和可视化工具,帮助相关部门更好地了解和掌握财政税收风险的状况,从而更好地制定应对策略。第二,加强部门之间的沟通与协作。财政税收管理部门与其他相关部门应该加强沟通与协作,共同应对财政税收风险。只有通过有效的沟通和协作,我们才能更好地了解彼此的工作情况和需求,共同制定应对策略,提高风险管理的效率和质量。这需要我们定期召开会议,交换意见和分享信息,以便更好地协调工作。第三,提高信息透明度。公开财政税收相关信息可以提高透明度,减少信息不对称的情况。这不仅可以提高公众对财政税收管理的信任度,还可以促进相关部门之间的合作与协调。我们可以通过官方网站、新闻发布会或其他渠道公开相关信息,确保公众能够及时了解财政税收的实际情况。

通过建立信息共享平台、加强部门之间的沟通与协作、公开相关信息等措施,我们可以更好地应对财政税收风险,提高财政管理的效率和透明度。同时,不断完善相关制度和法规,确保信息共享的合法性和合规性,从而更好地保障公共利益和社会的稳定发展。

九、提升人员素质与技能

为了加强风险管理,我们需要从多个方面入手。加强风险管理人员的培训和教育,以提高他们的专业素质和技能水平。这不仅需要定期组织专业培训,使他们了解最新的风险管理理念和技术,还需要提供实践机会,让他们在实际操作中不断积累经验。通过这种方式,他们可以更好地掌握风险管理的方法和技巧,提高应对风险的能力。此外,注重引进高素质、专业化的人才,为风险管理机制的建立健全提供人才保障。这些人才不仅需要具备丰富的风险管理经验,还需要具备扎实的理论基础和创新能力,能够为风险管理机制的完善提供新的思路和方法。他们可以带来新的视角和观点,为风险管理团队注入新的活力。

在引进人才的同时,加强对现有风险管理人员的培养。通过建立完善的激励机制和晋升机制,激发他们的工作积极性和创新精神,使他们能够更好地适应不断变化的市场环境。我们可以通过提供更多的培训机会和职业发展机会,帮助他们提升自己的能力和水平,增强他们的自信心和工作动力。此外,加强与其他企业和机构的合作,共同开展风险管理研究和交流活动。通过分享经验和教训,我们可以共同提高风险管理水平,形成一个良好的风险管理生态圈。在这个生态圈中,我们可以相互学习、相互借鉴、相互促进,共同应对各种风险挑战。

加强风险管理需要从多个方面入手,包括提高风险管理人员的专业素质和技能水平,注重引进高素质、专业化的人才以及加强与其他企业和机构的合作。只有这样,我们才能更好地应对各种风险,确保企业的稳健发展,也可以提高企业的竞争力和市场影响力。

十、持续改进与优化

通过这种方式,企业可以及时发现并解决现有机制中存在的问题和不足,不断完善和改进风险管理流程和方法,从而更好地应对不断变化的财政税收环境。

首先,企业在进行风险管理机制评估时,需要全面考虑各种可能的风险因素,包括但不限于市场环境、政策法规、经济状况、行业趋势等。这些因素是企业面临的主要风险来源,企业需要密切关注这些因素的变化,以便及时调整风险管理策略。其次,企业还需要对现有的风险管理流程和方法进行审查,以确保其符合当前财政税收风险的状况。企业需要定期检查和评估现有机制的有效性,并采取必要的措施进行改进和优化。如果发现现有机制无法应对当前的风险状况,企业需要及时调整风险管理策略,以适应不断变化的环境。在调整风险管理策略时,企业需要充分考虑各种可能的影响因素,包括但不限于成本效益、风险与收益的平衡、企业战略目标等。这些因素是企业制定风险管理策略时需要考虑的关键因素,企业需要根据实际情况制定相应的风险管理计划和方案,以确保风险管理机制始终能够有效地应对各种潜在的财政税收风险。

此外,企业还需要根据实际情况制定相应的应急预案,以应对可能出现的突发风险事件。这些应急预案应该具有针对性和可操作性,以便在风险事件发生时能够迅速采取相应的措施,减少风险对企业的影响。

定期对风险管理机制进行评估和优化,并根据实际情况调整风险管理策略,是确保企业能够有效地应对各种潜在的财政税收风险的关键。通过不断完善和改进风险管理流程和方法,企业可以提高自身的风险管理水平,增强自身的竞争力,从而在日益激烈的市场竞争中立于不败之地。同时,这也将有助于提高企业的整体运营效率和经济效益,为企业的可持续发展奠定坚实的基础。

第七章　社会保障制度与社会保险基金管理

第一节　社会保障制度的内涵与发展趋势

一、社会保障制度的内涵

(一)社会保障制度的构成要素

1.立法体系

社会保障制度的实施,离不开法律的认可和支持。法律是社会保障制度的核心要素,它为社会保障制度的建立、运行和发展提供了坚实的保障。首先,立法体系是社会保障制度的基础。通过制定相关法律法规,明确社会保障的范围、标准、程序等,可以确保社会保障制度的公平性和公正性。这些法律法规不仅规定了社会保障制度的基本原则和要求,还为社会保障制度的实施提供了法律依据和保障。其次,立法体系也是社会保障制度可持续性的重要保障。通过制定长期稳定的法律法规,可以确保社会保障制度的稳定性和连续性,避免因政策变化而带来的不确定性。同时,立法体系还可以为社会保障制度的改革和发展提供指导,确保其适应社会发展的需要。此外,立法体系还可以为社会保障制度提供法律监督和保障。通过建立完善的法律监督机制,可以确保社会保障制度的执行和实施符合法律法规的要求,避免出现违法行为和不公平现象。通过制定相关法律法规,明确社会保障的范围、标准、程序等,可以确保社会保障制度的合法性和可持续性,为人民群众提供更加公平、公正、稳定的社会保障服务。

2.管理体系

社会保障制度的实施是一项复杂而庞大的工程,需要建立相应的管理体系,以确保其正常运行。首先,各级社会保障管理机构是这一体系的重要组成部分,它们负责社会保障政策的制定、实施和监督。这些机构需要具备专业的管理知识和技能,能够根据国家政策和社会需求,制定出符合实际情况的社保政策,并确保政策的执行和监督。其次,监管机构也是这一体系中不可或缺的一环。他们负责对社会保障管理机构的工作进行监督和评估,以确保其工作的公正、公平和透明。同时,他们还需要及时发现和解决社会保障制度运行中存在的问题和风险,确保社会保障制度的正常运行。此外,社会保障制度的实施还需要建立相应的信息管理系统,以便数据的收集、分析和利用。这些系统需要具备较强的安全性和保密性,以确保数据的完整性和安全性。同时,这些系统还需要能够及时更新和升级,以适应不断变化的社会保障需求和政策环境。社会保障制度的实施需要建立一套完整的管理体系,包括各级社会保障管理机构、监管机构等,以确保社会保障政策的制定、实施和监督。只有这样,才能确保社会保障制度的正常运行,为广大人民群众提供更好的社会保障服务。

3. 资金来源

社会保障制度的实施是一项复杂且庞大的工程,它需要大量的资金支持。资金是社会保障制度的基础,没有足够的资金,社会保障制度就无法正常运行,也无法实现其应有的功能和作用。因此,建立稳定的资金来源是社会保障制度实施的关键。为了确保社会保障资金的充足和可持续,我们可以采取多种方式来获得资金。首先,税收是一种重要的资金来源。政府可以通过对个人和企业征收一定的税款来获取社会保障资金,这种方式既可以满足社会保障制度的资金需求,又可以增加政府的财政收入。其次,缴费也是社会保障资金的重要来源之一。个人和企业可以根据自己的实际情况,按照一定的标准缴纳社会保障费用,以确保自己和家人的生活得到保障。建立稳定的资金来源是社会保障制度实施的关键,也是确保社会保障制度可持续发展的基础。通过多种途径的筹资方式,我们可以确保社会保障资金的充足和可持续,为人民群众提供更好的生活保障和社会福利。

4. 服务体系

社会保障制度的实施是一项复杂而庞大的工程,需要建立完善的服务体系,以确保参保人员能够得到必要的帮助和保障,从而确保社会保障制度的有效性和人性化。首先,医疗服务是社会保障制度中非常重要的一部分。对于参保人员来说,医疗服务的提供是他们最关心的问题之一。因此,建立完善的医疗服务体系,提供优质的医疗服务,是社会保障制度实施的重要一环。这需要医疗机构提供高质量的医疗服务,政府也需要提供相应的资金支持,以确保医疗服务的可持续性和稳定性。其次,养老服务也是社会保障制度中不可或缺的一部分。随着人口老龄化的加剧,养老问题越来越受到人们的关注。建立完善的养老服务体系,提供优质的养老服务,是社会保障制度实施的重要任务之一。这需要政府和社会各方面的共同努力,包括提供养老院、老年公寓、社区服务等,以确保老年人的生活质量和幸福感。此外,失业服务也是社会保障制度中非常重要的一部分。对于失业人员来说,失业不仅会影响他们的经济状况,还会影响他们的生活质量和心理健康。因此,建立完善的失业服务体系,提供就业指导和培训,帮助他们重新就业,是社会保障制度实施的重要任务之一。

5.文化认同

社会保障制度的实施,无疑需要得到社会的广泛认同和支持。这不仅是因为社会保障制度是社会稳定和发展的基石,更是因为它关乎每一个社会成员的切身利益。因此,加强社会保障文化的宣传和推广,就显得尤为重要。通过各种渠道和方式,向广大民众普及社会保障制度的基本理念、原则和作用。这包括定期举办社会保障知识讲座、开展宣传活动、制作和分发宣传资料等。通过这些方式,让民众了解社会保障制度的重要性,明白它对个人和家庭的影响,从而增强他们的认同感和参与度。积极推广社会保障制度的实践案例,让民众看到社会保障制度在改善民生、促进公平、维护社会和谐等方面的积极作用。这可以通过媒体报道、社区宣传、网络传播等方式进行,让民众了解身边的真实案例,从而增强他们对社会保障制度的信心和支持。此外,加强社会保障制度的普及教育,增强民众的社会保障意识。这包括培养民众的自我保障意识、家庭保障意识和社会互助意识等。通过这些教育,民众能够明白社会保障制度不仅是政府的责任,也是每个社会成员的责任和义务。只有每个人都积极参与,才能推动社会保障制度的普及和可持续发展。

(二)社会保障制度的功能与目标

1.社会保障的功能

社会保障是现代国家的一种基本制度,它的功能是多方面的。首先,社会保障为公民提供了一种基本的生活保障,确保他们在遭遇疾病、失业、年老或灾害等风险时,能够得到必要的经济援助和生活支持。这种功能对于维护社会稳定和公平具有重要意义。其次,社会保障还具有促进社会经济发展的作用。通过提供失业保险和就业援助等措施,社会保障鼓励人们继续寻找工作,提高就业率,从而促进经济增长。此外,社会保障还可以减轻家庭的经济负担,使家庭有更多的时间和精力投入到其他有益于社会和个人发展的活动中去。此外,社会保障还有助于促进社会公平和减少社会不平等。通过实行普遍的社会保障制度,所有公民都能够享受平等的待遇和权利,这有助于减少社会阶层之间的差距,促进社会和谐与稳定。最后,社会保障还可以提升国家的国际形象和声誉。一个实施健全的社会保障制度的国家通常会被视为一个负责任、有担当的国家,这有助于提升国家的国际地位和声誉。社会保障的功能是多方面的,它不仅为公民提供基本的生活保障,还具有促进社会经济发展、促进社会公平和减少社会不平等的作用,以及提升国家的国际形象和声誉。因此,建立健全的社会保障制度是现代国家不可或缺的重要制度之一。

2. 社会保障的目标

社会保障的目标是确保社会公平和稳定。它是一个重要的制度,旨在通过提供一种安全网,帮助那些因年老、疾病、失业、贫困或其他原因而陷入困境的人们。社会保障制度通过提供经济支持,帮助人们应对生活中的不确定性和风险,从而维护社会和谐与稳定。在这个体系中,各种不同的项目和计划发挥着各自的作用。养老保险是其中之一,它旨在为退休人员提供稳定的经济来源,让他们在晚年能够过上舒适的生活。医疗保险则关注医疗费用的保障,让每个人都能享受基本的医疗服务。失业保险则针对因失业而失去收入的人们,为他们提供必要的帮助和支持,使他们能够重新找到工作。这些项目共同构成了一个全面的社会保障体系,旨在为所有社会成员提供必要的支持和保护。然而,社会保障的目标并不仅仅是帮助个人渡过困难时期。它还着眼于整个社会的福祉和发展。通过提供公平和可持续的社会保障,社会保障制度有助于减轻贫困和不平等的压力,促进社会公平和包容性。在这个过程中,它也增强了人们对未来的信心和安全感,从而促进了社会的稳定和发展。因此,我们可以说,社会保障的目标是实现一个更公平、更安全、更繁荣的社会。只有当每个人都能够享受到公平和稳定的社会保障时,这个社会才能真正实现和谐与稳定。因此,我们需要继续努力完善社会保障体系,确保每个人都能够享受到应有的福利和保障。只有这样,我们才能建设一个更加美好的未来。

(三)社会保障制度的国际比较与启示

随着全球化的进程不断加快,社会保障制度逐渐成为各国关注的焦点。

由于不同国家的社会经济状况、历史文化和政治体制等方面的差异,各国社会保障制度存在显著差异,因此,对社会保障制度的国际比较与启示的研究就显得尤为重要。首先,不同国家的社会保障制度在覆盖范围、保障水平和资金来源等方面存在显著差异,一些国家的社会保障制度覆盖面较广,涵盖了绝大多数公民,而另一些国家则仅限于特定群体。此外,不同国家的保障水平也存在差异,一些国家提供的保障项目种类繁多,涵盖了医疗、养老、失业等多个方面,而另一些国家则仅限于特定领域。这些差异不仅反映了不同国家的社会经济状况,也反映了社会保障制度的复杂性和多样性。其次,通过社会保障制度的国际比较,我们可以发现许多值得借鉴的成功经验。首先,社会保障制度对于社会稳定和经济发展的重要性不言而喻。一个健全的社会保障制度可以有效地缓解贫困、减少社会不公、促进社会和谐,也有助于提高国家的整体竞争力。借鉴其他国家的成功经验,不断完善和优化本国社会保障制度。例如,我们可以学习一些国家加大对弱势群体的保障力度,增强社会保障制度的公平性和可持续性。此外,我们还可以学习一些国家的做法,通过税收等手段筹集社会保障资金,提高资金的使用效率。此外,认识到社会保障制度在国际比较中的局限性。由于各国国情和历史背景的差异,社会保障制度很难做到完全的标准化和统一化。因此,我们需要根据本国实际情况,探索适合自己的社会保障制度发展道路。社会保障制度的国际比较与启示的研究对于我们了解不同国家的社会保障制度、借鉴成功经验、完善和优化本国社会保障制度具有重要意义。我们应该加强对这一领域的关注和研究,为构建更加公平、可持续和高效的社会保障体系贡献力量。同时,我们也需要认识到社会保障制度改革面临的挑战和困难,积极探索适合本国国情的发展道路。

二、社会保障制度的发展趋势

(一)我国社会保障制度的发展历程与现状

1. 发展历程

我国社会保障制度的发展历程可谓一部波澜壮阔的历史画卷。从新中国成立之初的贫困和动荡,到改革开放后的逐步发展和完善,社会保障制度在我国的发展经历了许多阶段和变革。在改革开放初期,我国的社会保障制度主要围绕着基本的生存需求展开,如农村的五保供养制度和城镇的最低生活保障制度。这些措施为那些无法自给自足的人们提供了基本的生存保障随着经济的发展和社会的进步,我国的社会保障制度也逐渐向多元化和全面化发展。除了基本的生存保障,还涵盖了医疗、教育、住房、就业、养老等多个方面。同时,政府也逐步加强了对社会保障资金的管理和监督,确保了社会保障制度的公平性和可持续性。近年来,我国的社会保障制度更是迎来了快速发展的时期。政府加大了对社会保障的投入,扩大了保障范围,提高了保障水平。同时,也积极推动社会保障制度的改革和创新,以适应经济社会的快速发展和变化。我国社会保障制度的发展历程是一部不断探索、创新和发展的历史。它见证了我国从贫困走向繁荣,从动荡走向稳定的过程,也反映了我国政府对民生问题的重视和关注。未来,随着我国经济社会的发展,社会保障制度也将不断改革和完善,为人民群众提供更加全面、公平、可持续的社会保障。

2. 当前现状

(1)覆盖面不断扩大。

随着时间的推移,我国的经济和社会发展取得了显著进步,社会保障制度也得到了不断的完善,覆盖面不断扩大,越来越多的公民被纳入社会保障体系,享受到了国家提供的各种福利和保障。这不仅体现了我国政府对民生问题的重视,也反映了我国社会公平和正义的进步。截至 2021 年年底,全国基本养老保险参保人数已经达到了惊人的 10.3 亿人。这是一个令人瞩目的数字,意味着我国有超过一半的人口已经参加了基本养老保险,这是一个巨大的进步。这意味着我国社会保障制度已经实现了从"有"到"好"的转变,未来将朝着更高水平、更高质量的方向发展。与此同时,基本医疗保险的参保率也稳定在 95% 以上。这意味着绝大多数公民都享有基本医疗保险的保障,能够抵御一些常见的疾病风险。这无疑是我国医疗保障体系的一大成就,也是我国社会保障制度不断完善的体现。然而,我们也要看到,社会保障制度的完善并非一蹴而就的过程,还需要不断地努力和改进。在未来,我国将继续加大对社会保障制度的投入,提高社会保障水平,让更多的人享受到社会保障带来的好处。同时,我国也将继续推进社会保障制度的改革,以适应不断变化的社会和经济环境。这包括优化社会保障制度的设计,使其更加公平、公正和透明;加强社会保障制度的监管,确保其可持续性和稳定性;积极探索新的社会保障模式,以满足不断变化的社会需求。我国的社会保障制度已经取得了显著的进步,仍需继续努力。未来,我国将继续加大对社会保障制度的投入和改革力度,以实现更高水平、更可持续的社会保障体系,为人民群众提供更好的生活保障和福利。

(2)保障水平不断提高。

随着我国经济的不断发展,社会保障水平也在不断提高,这是一个值得关注和欣喜的现象。我们看到,我国的社会保障体系正在逐步完善,为广大人民群众提供了全方位的社会保障服务,让每一个公民都能享受到社会进步的红利。首先,基本养老保险的支付水平逐年提高。随着人口老龄化趋势的加剧,养老保险的重要性日益凸显。我国政府不断加大投入,扩大养老保险的覆盖面,提高其支付水平,让老年人的生活更有保障,更有尊严。其次,基本医疗保险的覆盖面也在不断扩大。医疗保险是社会保障体系的重要组成部分,关系着每一个人的健康。我国政府不断加大医疗保险的投入,提高医疗保险的报销比例,让广大人民群众在面对疾病时更有信心和能力去应对。此外,失业保险等社会保险项目的支付水平也在逐年提高。这些项目对于保障广大劳动者的基本生活权益,维护社会稳定具有重要意义。我国政府通过提高失业保险的支付水平,为广大失业人员提供了一定的生活保障,帮助他们渡过难关。同时,社会救助制度也在不断完善。社会救助是社会保障体系的基础,对于那些因各种原因陷入困境的人们,社会救助能够提供及时的帮助。我国政府不断加大社会救助的力度,完善社会救助制度,让那些需要帮助的人们能够得到及时的救助。

(3)制度体系不断完善。

随着时间的推移,我国的社会保障制度体系正在不断地完善。我们不仅建立了包括基本养老保险、基本医疗保险、失业保险、工伤保险、生育保险等五大社会保险制度,还逐步完善了社会救助制度,包括低保、特困人员救助供养、医疗救助、临时救助等。这些制度的建立和实施,为我国公民提供了更加全面和稳定的保障,确保了他们在面对各种风险和困难时能够得到及时的帮助和支持。基本养老保险是我国社会保障体系中最为重要的制度之一,它为老年人提供了基本的生活保障和医疗保障,使他们能够安享晚年。基本医疗保险则是为了解决广大人民群众因疾病带来的经济负担,它不仅涵盖了住院医疗、门诊医疗、大病医疗等各个方面,还逐步推进了医保支付方式的改革,以更好地控制医疗费用,减轻人民群众的经济负担。失业保险和工伤保险则是为了保障失业人员和工伤人员的基本生活和医疗需求,为他们提供必要的帮助和支持。生育保险则是对育龄妇女及其家庭提供必要的支持和保障,帮助他们顺利度过生育期,恢复到正常的生活和工作状态。除了社会保险制度,我国还建立了社会救助制度,包括低保、特困人员救助供养、医疗救助、临时救助等。这些救助制度旨在帮助那些生活困难的家庭和个人,确保他们能够维持基本的生活水平,帮助他们渡过难关。

(4)管理手段不断优化。

随着信息化技术的飞速发展,我国社会保障管理手段也在不断优化。如今,全国社会保障卡持卡人数已达到惊人的 13.5 亿人,覆盖了全国 95% 以上的人口。这意味着,几乎每一个中国人都有了一张属于自己的社会保障卡,这无疑是我国社会保障管理的一大进步。社会保障卡不仅是一张身份识别卡,更是我国社会保障体系的重要组成部分。它承载了包括医疗保险、养老保险、失业保险等多个方面的社会保障信息,为参保人员提供了方便快捷的服务。同时,随着社会保障信息化建设不断推进,社会保障卡的功能也在不断拓展和升级,为社会保障管理提供了更加便捷高效的技术支持。此外,我国还积极探索和推广数字化、智能化、网络化的社会保障管理新模式,通过大数据、人工智能等先进技术手段,提高社会保障管理的精准度和效率。这些举措不仅有利于提高社会保障管理的质量和水平,也有利于进一步增强人民群众的获得感和幸福感。我国社会保障管理手段的不断优化,离不开信息化技术的发展。未来,我国还将继续加大在社会保障信息化建设方面的投入,推动社会保障管理向更高水平迈进。同时,我们也需要不断提高全民的信息素养,增强信息安全意识,共同维护好社会保障体系。

(二)社会保障制度发展的内在驱动力

社会保障制度发展的内在驱动力是一个复杂而又多元的因素。首先,让我们来谈谈经济因素。随着经济的发展,社会财富的积累和人民生活水平的提高,人们对社会保障的需求也日益增长。经济的发展也为社会保障制度的建立和完善提供了物质基础和财政支持。这意味着社会保障制度的发展与经济发展密切相关,经济状况的好转将为社会保障制度的完善提供更多的资源和机会。其次,人口老龄化也是社会保障制度发展的重要驱动力。随着人口老龄化的加剧,养老、医疗等社会保障问题日益突出,这需要社会保障制度提供更多的保障和服务。为了应对这一挑战,社会保障制度需要不断创新和改进，以满足日益增长的社会需求。此外，科技进步也是社会保障制度发展的重要驱动力。科技进步为社会保障制度的数字化、智能化提供了技术支持，使得社会保障管理更加高效、便捷。例如，数字化技术可以改善信息传递和数据存储的方式，智能化技术可以提高社会保障管理的精度和效率。最后，社会观念的转变也是社会保障制度发展的重要驱动力。随着社会观念的转变，人们越来越认识到社会保障制度的重要性，对社会保障制度的认同和支持程度也在不断提高。这种观念的转变有助于推动社会保障制度的改革和完善，使其更好地适应社会发展的需要。

（三）社会保障制度发展的外部因素

社会保障制度的发展是一个复杂的过程，受到许多外部因素的影响。首先，经济因素是其中之一。经济发展水平直接决定了社会保障制度的规模和水平。当经济发展水平越高时，社会保障制度的发展也就越快，覆盖面和保障水平也会相应提高。这是因为经济发展水平提高了，人们的收入水平也会相应提高，人们对于社会保障的需求也就越强烈。此外，政策也是影响社会保障制度发展的重要因素。政府在不同时期会制定不同的政策，以适应社会经济发展的需要。政策的制定和调整也会对社会保障制度的覆盖面、保障水平和资金来源产生影响。除了经济和政策因素，社会文化因素也是不可忽视的。不同地区、不同民族、不同文化背景下的社会群体对于社会保障制度的认知和需求也会有所不同。因此，社会保障制度的设计和实施需要考虑这些因素，以更好地满足不同群体的需求。例如，一些地区可能更注重养老保障，而一些地区可能更注重医疗保障。此外，国际因素也是影响社会保障制度发展的重要因素之一。随着全球化的发展，国际的经济、文化、社会交流日益频繁，社会保障制度也受到了国际因素的影响。例如，一些国家可能会借鉴其他国家的经验，引入一些国际标准来完善本国社会保障制度。因此，社会保障制度的发展需要综合考虑各种外部因素，包括经济、政策、社会文化、国际等各个方面的影响。只有充分考虑这些因素，才能制定出更加科学、合理、可持续的发展战略，确保社会保障制度的公平性和可持续性。同时，也需要不断探索和创新，以适应社会经济发展的需要，更好地满足人民群众的需求。

第二节　社会保险基金的投资运营与管理

一、社会保险基金的投资运营

(一) 多元化投资

基金投资确实是一种非常有效地分散风险的方式。通过将资金投资于不同的资产类别,如股票、债券、房地产等,投资者可以有效地平衡投资组合的风险,避免单一资产类别出现大幅波动对整个投资组合造成的影响。具体来说,股票市场通常能够提供较高的潜在收益,但也伴随着较高的风险。而投资于债券市场则相对稳定,可以为投资组合提供稳定的现金流,同时降低对股票市场的依赖程度。此外,房地产市场的投资也可以为投资组合提供稳定的租金收入和潜在的增值机会。通过将这些资产类别进行合理的配置,投资者可以构建一个多元化的投资组合,从而有效地分散风险,增强投资的安全性和稳定性。然而,分散风险并不意味着投资者可以完全避免风险。市场动态是不断变化的,投资者在投资过程中需要密切关注市场动态,及时调整投资策略,以应对可能出现的风险和挑战。例如,如果某个资产类别的价格出现大幅波动,投资者就需要重新评估其对该投资组合的影响,并考虑是否需要调整其配置比例。

此外,投资者也需要根据自己的风险承受能力和投资目标,选择适合自己的资产配置方案。例如,对于风险承受能力较低的投资者来说,他们可能需要将更多的资金投入到债券和现金等相对安全的资产中。而对于追求高收益的投资者来说,他们可能需要将更多的资金投入到股票等高风险高收益的资产中。总之,投资者需要根据自己的实际情况,选择适合自己的资产配置方案,以确保投资收益与风险之间的平衡。

(二) 长期投资

长期投资确实是社会保险基金稳健增值的基础,这一点不容忽视。在投资过程中,我们需要注重长期价值投资理念,而不是被短期市场波动的干扰所影响。首先,长期价值投资理念意味着我们需要着眼于长期收益,而不是仅仅关注短期的市场波动。这意味着我们需要选择那些具有长期稳定增长潜力的投资项目,而不是追逐那些可能带来短暂收益但风险较高的投资机会。这种投资策略有助于我们更好地分散风险,并实现长期稳定的收益增长。其次,避免短期市场波动的干扰也是非常重要的。市场波动是不可避免的,但我们不能让这些波动影响投资决策。我们需要保持冷静和理性,不被市场的短期波动所左右。在做出投资决策时,我们需要综合考虑各种因素,包括但不限于投资项目的长期前景、风险水平、收益潜力等。此外,注意投资组合的多元化。多元化投资可以有效地分散风险,降低单一投资项目失败所带来的损失。因此,我们应该将资金分散投资于不同的资产类别和地区,以实现更全面的风险分散和收益增长。长期投资是社会保险基金稳健增值的基础,我们需要注重长期价值投资理念,避免短期市场波动的干扰,并采取多元化的投资策略来分散风险。只有这样,我们才能更好地实现社会保险基金的长期稳定增值。

(三)风险管理

为了确保企业投资活动的稳定性和安全性,建立完善的风险管理体系是至关重要的。这一体系应当涵盖从投资前风险评估、风险控制到投资后风险跟踪的所有环节,以确保企业能够及时识别、评估和控制各种可能出现的风险。在投资风险评估方面,企业应建立一套科学、严谨的方法,对投资项目可能面临的各种风险进行全面、深入的分析。这包括市场风险、信用风险、流动性风险、操作风险等各个方面,以确保企业能够准确把握各种风险的性质和程度。在风险控制方面,企业应采取一系列切实有效的措施,以减少风险的发生或将其控制在可承受的范围内。这可能包括制定严格的风险管理政策,建立风险应急预案,以及实施定期的风险审查和评估等。在投资决策过程中,企业应充分考虑风险与收益的平衡,以确保投资决策的科学性和合理性。这意味着企业不仅需要关注投资项目的潜在收益,而且需要关注其潜在风险,并选择合适的投资策略以实现风险与收益的最佳平衡。此外,企业还应注重培养员工的投资风险管理意识,提高全体员工的风险管理水平。这包括对员工进行定期的风险管理培训,使其了解和掌握各种风险管理工具和方法,以及鼓励员工积极参与风险管理过程,为企业创造更多的价值。建立完善的风险管理体系并采取有效的风险管理措施,对于企业的长期稳定发展至关重要。通过科学的风险评估和控制,企业可以确保投资活动的安全性和稳定性,从而实现可持续发展。

（四）专业化管理

投资经理和团队的聘请对于基金的投资运营来说非常重要。首先，投资经理需要具备敏锐的市场洞察力和风险控制能力。他们需要能够准确把握市场趋势，及时调整投资组合，以降低风险并确保基金的安全。在这个过程中，投资经理需要具备高度的专业素养和风险意识，能够识别潜在的投资机会和风险因素，并采取相应的措施来应对。其次，投资经理还需要与团队成员密切合作，共同制定投资策略和计划。一个优秀的投资团队需要具备多元化的专业知识和技能，能够从不同的角度分析和评估投资机会，以确保基金的投资运营取得最佳效果。因此，投资经理需要与团队成员密切合作，共同制定投资策略和计划，确保基金的投资运营能够适应市场变化和客户需求。这意味着他们需要具备丰富的投资经验和良好的职业道德，能够为客户提供高质量的投资服务，并确保基金的安全和稳定收益。聘请专业的投资经理和团队进行基金的投资运营是非常重要的。同时，他们还需要具备敏锐的市场洞察力和风险控制能力，能够准确把握市场趋势，降低风险并确保基金的安全。此外，他们还需要与团队成员密切合作，共同制定投资策略和计划，以确保基金的投资运营取得最佳效果。

（五）定期评估与调整

定期对基金的投资组合进行评估和调整是非常必要的，因为市场环境和风险承受能力是不断变化的。在投资领域，市场环境的变化是不可避免的，无论是经济周期的变化、政策法规的调整，还是新兴技术的发展，都可能对投资组合产生重大影响。因此，定期评估投资组合，了解当前的投资策略是否与市场环境和风险承受能力相匹配，是非常重要的。如果当前的策略与市场环境和风险承受能力不匹配，就需要及时进行调整。这可能涉及资产配置的调整、投资组合的优化，甚至是对投资策略的重新制定。基金管理人需要具备丰富的投资经验和专业知识，以便做出正确的决策。此外，关注宏观经济形势和政策变化。宏观经济形势和政策是影响市场环境和投资策略的重要因素。例如，如果宏观经济形势出现下滑，投资者就需要考虑降低风险较高的投资组合的比重，增加风险较低的投资组合的比重。政策的变化也可能对投资策略产生重大影响，基金管理人需要及时了解政策的变化，以便做出相应的调整。因此,基金管理人应该及时调整投资策略,以适应市场环境和政策变化。这需要他们具备敏锐的市场洞察力和丰富的投资经验,也需要他们不断学习和掌握新的市场动态和投资策略。

定期评估和调整基金的投资组合是非常重要的。这不仅可以确保投资组合与市场环境和风险承受能力相匹配,还可以帮助基金管理人及时调整投资策略,以适应不断变化的市场环境。同时,这也是对投资者负责的表现,确保他们的资金能够得到合理配置,实现最大的收益。

(六)监管透明度

加强社会保险基金的监管是当前社会关注的焦点问题。确保基金的投资运营符合相关法律法规和政策要求,避免出现违规操作和违法行为。这需要我们建立健全的监管机制,明确各部门的职责和权限,加强信息共享和沟通协作,确保基金的安全和保值增值。其次,提高基金的透明度是加强监管的重要手段之一。定期公布基金的投资组合和业绩表现,可以让社会公众了解基金的运营情况和投资效益,提升公众对基金的信任度和满意度。同时,接受社会监督也是提高透明度的重要途径,可以促进基金运营的规范化和科学化,防止出现不正当利益输送和违规行为。此外,加强风险管理,制定科学的风险评估和防范措施,确保基金在投资运营过程中能够应对各种市场风险和政策变化。这需要我们密切关注市场动态和政策变化,及时调整投资策略和风险防范措施。同时,加强对基金管理人员的培训和教育,提高他们的专业素质和管理能力,确保基金的运营质量和效益得到有效保障。在具体实施过程中,注重与其他相关部门和机构的合作与协调。社会保险基金的监管不仅需要我们自身的努力,还需要政府、金融机构、企业等各方面的支持和配合。只有形成合力,才能更好地保障基金的安全、合规、高效运营,为社会的稳定和发展做出积极贡献。加强社会保险基金的监管和提高透明度是当前社会关注的重点问题。我们需要从多个方面入手,建立健全的监管机制,加强信息共享和沟通协作,提高基金的风险防范能力和运营质量,确保基金的安全和保值增值,为社会的和谐稳定和可持续发展贡献力量。

(七)创新与科技应用

在投资运营中,引入科技创新是至关重要的。人工智能、大数据等先进技术,如同一把利剑,可以帮助我们提高投资决策的效率和准确性。随着科技的不断发展,这些技术已经渗透到各个领域,包括金融市场。在金融市场中,人工智能技术已经得到了广泛的应用。通过运用人工智能技术,我们可以更准确地分析市场趋势和投资机会,从而做出更明智的决策。此外,大数据分析也可以帮助我们更全面地了解投资组合的表现和风险,以便及时调整投资策略。例如,通过大数据分析,我们可以了解到不同市场板块的波动情况,以及投资者情绪的变化,从而更好地把握市场机会和风险。除了引入科技创新,关注新兴市场和行业。新兴市场和行业通常具有更高的增长潜力和投资机会,可以为投资组合带来更多的收益增长点。例如,一些科技行业、新能源行业等新兴领域,具有巨大的发展潜力和市场前景。通过深入研究新兴市场和行业,我们可以发现那些具有潜力的投资机会,并制定更有效的投资策略。然而,在投资运营中引入科技创新和关注新兴市场和行业,需要我们不断学习和掌握最新的科技动态和市场趋势。只有这样,我们才能更好地应对市场的变化和挑战,实现投资收益的最大化。同时,我们也需要保持谨慎和理性的态度,避免盲目跟风和过度投资。盲目跟风可能会让我们陷入风险之中,而过度投资则可能会影响财务状况。因此,我们需要谨慎评估投资机会和风险,确保投资决策更加稳健和可持续。

在投资运营中引入科技创新,关注新兴市场和行业是至关重要的。我们需要不断学习和掌握最新的科技动态和市场趋势,同时保持谨慎和理性的态度,以确保投资决策更加稳健和可持续。只有这样,我们才能在变化莫测的市场中取得成功。

二、社会保险基金的管理

(一)建立健全法律法规

为了保障社会保险基金的安全、合规和有效使用,制定和完善社会保险基金管理的相关法律法规是至关重要的。这些法规应明确规定基金管理人的职责、权利和义务,以确保基金管理机构在履行职责时遵循法律要求,并受到法律的有效监督和制约。首先,社会保险基金管理的相关法律法规应明确规定基金管理机构的职责范围和权限。这包括明确基金管理机构在筹集、使用、监管和监督基金方面的职责,以确保基金的合规使用和管理。同时,应明确规定基金管理机构与其他相关部门之间的职责分工,避免职责不清和重复管理的情况发生。其次,社会保险基金管理的相关法律法规应明确规定基金管理机构的权利和义务。权利方面,基金管理机构应享有必要的行政权力和监管权力,以确保基金的合规使用和管理。义务方面,基金管理机构应承担起确保基金安全、合规、有效使用的责任,并接受法律的有效监督和制约。此外,通过法律手段规范社会保险基金的管理也是非常重要的。这包括建立完善的监管机制和法律责任制度,以确保基金管理机构严格遵守法律法规,并对其违法行为承担相应的法律责任。同时,应加强社会监督和舆论监督,鼓励公众参与监督社会保险基金的管理和使用情况,以确保基金的透明度和公信力。制定和完善社会保险基金管理的相关法律法规是确保其合法、合规、安全的关键措施。通过明确职责、权利和义务,以及通过法律手段规范管理,可以有效地保障社会保险基金的安全、合规和有效使用,为公众提供更加可靠的社会保障。

(二)集中管理体制

这一体制的建立将有助于明确各级管理机构的职责和权限,确保基金管理的规范化和专业化。首先,集中统一的社会保险基金管理体制能够实现基金的统筹规划。各级管理机构在统一的管理体系下,能够更好地协调运作,避免各自为政、分散管理所带来的资源浪费和效率低下问题。通过统筹规划,各级管理机构可以更加合理地分配资金,确保基金的充足性和可持续性。其次,集中统一的管理体制有助于协调运作。在统一的管理体系下,各级管理机构能够更好地沟通与协作,避免信息不对称和资源浪费现象的出现。通过协调运作,各级管理机构可以更加高效地利用基金资源,提高基金的使用效益,更好地满足参保人员的需求。最后,集中统一的管理体制有利于风险控制。在统一的管理体系下,各级管理机构能够更加全面地监测和管理基金的运行情况,及时发现和解决潜在风险。通过风险控制,各级管理机构可以更好地保障基金的安全性和完整性,确保基金的稳健运行。通过明确各级管理机构的职责和权限,实现基金的统筹规划、协调运作和风险控制,将有助于提高基金的管理水平和使用效益,更好地满足参保人员的需求。

(三)完善投资策略

随着经济的发展和财富的积累,投资已成为越来越多人的选择。然而,如何制定科学合理的投资策略,如何在保证安全性的前提下实现基金的保值增值,却并非易事。本节将围绕多元化投资和风险控制的重要性,探讨如何制定这样的投资策略。首先,多元化投资是至关重要的。单一的投资方式往往存在较大的风险,而多元化的投资组合则可以分散风险,增强投资的安全性。通过将资金分散到不同的资产类别,如股票、债券、房地产等,投资者可以降低特定资产类别波动性所带来的影响。此外,多元化投资还能帮助投资者更好地应对市场变化,降低资产价值波动的风险。其次,风险控制也是制定科学合理投资策略的重要一环。投资者应时刻保持警惕,避免盲目追求高收益而忽视了风险。在投资过程中,应定期评估投资组合的风险,并根据市场变化及时调整。此外,投资者还应了解自己的风险承受能力,选择适合自己的投资产品。对于风险承受能力较低的投资者,可以考虑选择低风险的投资产品,如债券、货币市场基金等。在保证安全性的前提下,寻求合理的收益水平是制定科学合理投资策略的关键。投资者应通过合理的资产配置和风险管理,实现基金的保值增值。同时,定期评估投资组合的表现,及时调整投资策略也是非常重要的。此外,投资者还应关注市场动态,了解最新的投资机会和风险,以便做出明智的投资决策。

制定科学合理的投资策略需要注重多元化投资和风险控制。通过多元化的投资组合和有效的风险管理,投资者可以在保证安全性的前提下实现基金的保值增值。在未来的投资道路上,投资者应保持警惕,不断学习和适应市场变化,以实现长期稳定的收益。

(四)强化监管与审计

加强对社会保险基金的监管和审计,确保基金的收支规范、使用合理,是当前社会关注的焦点问题。为了实现这一目标,我们需要建立内部审计和外部审计相结合的机制,对基金的运行情况进行全面、及时的监控。首先,内部审计是确保基金收支规范的重要手段。内部审计机构应定期对基金的收支情况进行审查,确保各项支出符合政策规定,不存在违规使用的情况。同时,内部审计机构还应加强对基金管理人员的监督,确保他们严格按照规定执行职责,防止出现贪污、挪用等问题。其次,外部审计也是不可或缺的一部分。外部审计机构应定期对基金的运行情况进行审计,并出具审计报告。审计报告应详细说明基金的运行情况、存在的问题及改进建议等。此外,外部审计机构还应加强对基金管理人员的职业道德教育,增强他们的法律意识和责任感,确保基金的安全和规范运行。

为了确保内部审计和外部审计的有效实施,我们需要建立完善的监管体系。首先,应明确监管职责,确保各部门之间的工作协调和信息共享。其次,应建立举报机制,鼓励公众对基金运行情况进行监督和举报。此外,还应加强对基金管理人员的培训和教育,提高他们的专业素质和管理水平。在社会保险基金监管方面,进一步完善相关法律法规。首先,应明确法律责任,对违规行为进行严厉处罚,提高违法成本。其次,应加强法律宣传,提高公众对社会保险基金的认识和理解,增强他们的参与意识和监督意识。

加强对社会保险基金的监管和审计,建立内部审计和外部审计相结合的机制,是确保基金的收支规范、使用合理的重要手段。我们应不断完善监管体系和法律法规,提高基金管理人员的专业素质和管理水平,确保社会保险基金的安全和规范运行。只有这样,才能真正实现社会保险制度的公平、公正和可持续发展。

(五)提高信息化水平

随着信息技术的快速发展,加强信息化建设已成为社会保险基金管理的重要任务。为了提高管理效率,建立完善的社会保险基金管理信息系统是必要的。首先,社会保险基金管理信息系统的建立可以大大提高管理效率。传统的社会保险基金管理方式需要人工进行大量的数据录入、查询和统计等工作,不仅工作量大,而且容易出错。而通过信息化手段,可以实现数据的自动化处理和实时更新,大大减少了人工干预,提高了管理效率。其次,这个系统可以实现数据的实时监控和分析。通过建立数据采集和传输机制,可以实时获取社会保险基金的各项数据,并进行深入的分析和挖掘。这样不仅可以及时发现异常情况,还可以为决策提供有力的数据支持,增强决策的科学性和准确性。此外,这个系统还可以与其他信息系统进行数据交换和共享,实现信息资源的整合和利用。通过建立统一的数据标准和规范,可以实现不同信息系统之间的数据互通和共享,提高信息资源的利用效率,降低管理成本。

加强信息化建设,建立完善的社会保险基金管理信息系统是必要的。在实际应用中,我们需要根据实际情况不断完善和优化这个系统,使其更好地服务于社会保险基金管理工作。

　　为了实现这一目标,我们需要加强技术研发和人才队伍建设。技术研发是建立完善的社会保险基金管理信息系统的关键,需要不断探索和创新,增强系统的稳定性和安全性。同时,我们也需要加强人才队伍建设,培养一支高素质的管理团队,提高社会保险基金管理的专业水平和服务质量。此外,加强与其他部门的合作和沟通,实现信息资源的共享和整合。社会保险基金管理工作涉及多个部门和领域,需要加强与其他部门的合作和沟通,实现信息资源的共享和整合,提高管理的整体效率和水平。

(六)人才队伍建设

　　随着社会经济的快速发展,社会保险基金管理的重要性日益凸显。本小节将探讨如何加强人才队伍建设,提高管理人员的业务能力和道德素质,以确保基金管理的顺利进行。明确人才队伍建设的核心要素。高素质、专业化的社会保险基金管理人才不仅需要具备扎实的专业知识,还需要具备丰富的实践经验和高度的责任感。因此,我们应注重人才的引进和培养,通过招聘具有丰富经验和专业技能的管理人员,以及提供持续的教育和培训,来提高管理团队的素质和能力。加强人才队伍的管理和考核。建立健全的考核机制,定期对管理人员进行评估和反馈,有助于提高管理团队的积极性和工作效率。同时,我们还应建立激励机制,对表现优秀的管理人员给予适当的奖励和晋升机会,以激发他们的工作热情和创新精神。

　　此外,我们还应注重提高管理人员的道德素质。社会保险基金管理是一项涉及广大人民群众切身利益的重要工作,管理人员的一举一动都可能对社会产生深远影响。因此,我们需要加强道德教育,提高管理人员的职业道德水平,确保他们能够严格遵守法律法规,维护基金的安全和完整。在实践中,我们可以通过案例分析、讲座和研讨会等形式,加强管理人员对法律法规和职业道德的理解和认识。同时,我们还可以借鉴国内外成功的经验,引入先进的管理理念和方法,以提高基金管理的效率和质量。

(七)完善预算与财务报告制度

　　随着社会经济的发展,社会保险基金在保障人民生活、维护社会稳定方面发挥着越来越重要的作用。为了确保基金的安全、有效和透明使用,建立健全社会保险基金的预算与财务报告制度至关重要。规范基金的收支管理。这意味着我们需要明确基金的来源和去向,确保每一笔收入都合法、合规,同时,每一项支出都符合政策规定,并经过严格的审批程序。此外,建立完善的预算管理制度,确保基金收支的合理性和科学性。规范基金的投资和资产管理。投资是社会保险基金增值的重要手段,但也存在一定的风险。因此,我们需要根据基金的性质和投资目标,选择合适的投资渠道和资产配置,同时建立严格的投资决策流程,确保投资的安全性和收益性。此外,加强基金的资产管理,确保基金的实物资产和账面资产的一致性,防止资产流失和浪费。

为了实现上述目标,我们需要建立健全社会保险基金的预算与财务报告制度。这意味着我们需要制定详细的财务报告编制标准和方法,明确财务报告的内容和格式,确保财务报告的真实、准确和完整。同时,定期公布财务报告,提升基金使用的透明度,接受社会各界的监督。通过定期公布财务报告,我们可以让公众了解基金的使用情况和效果,提升公众对社会保险制度的信任度和满意度。同时,这也将有助于我们发现问题、改进工作,进一步提高社会保险基金的管理水平和使用效益。

(八)建立风险预警与应对机制

在当今高度竞争和快速变化的市场环境中,基金管理公司面临着各种潜在风险,如市场波动、信用风险、操作风险等。为了确保基金的安全,建立完善的风险预警与应对机制至关重要。通过这一机制,公司可以及时发现和应对潜在风险,从而降低损失,保障投资者的利益。为了建立这一机制,首先需要制定一套全面的风险评估标准。这包括对市场风险、信用风险、操作风险等不同维度的全面评估,以确保公司能够及时识别出可能影响基金安全的各种因素。此外,公司还应定期进行风险评估,以便及时了解和掌握各种潜在风险的变化趋势。除了风险评估,公司还应建立一套完善的风险预警系统。这一系统可以通过数据分析和模型预测,对可能出现的风险进行提前预警。通过这种方式,公司可以提前采取措施,降低潜在风险的影响。在应对潜在风险方面,制定应急预案是至关重要的。应急预案应包括各种可能突发事件的应对措施和流程,以确保公司在突发事件或危急情况下能够迅速、有效地应对。这包括但不限于市场波动、信用违约、技术故障等。通过制定应急预案,公司可以降低不确定性,确保在突发事件发生时能够迅速采取适当的措施,减少损失。

此外,公司还应定期进行应急演练,以确保应急预案的有效性和可行性。通过模拟真实场景进行演练,公司可以发现并改进应急预案中的不足之处,提高应对突发事件的效率。建立完善的风险预警与应对机制对于基金管理公司来说是至关重要的。通过全面风险评估、预警系统和应急预案的制定,公司可以及时发现和应对潜在风险,降低损失,保障基金的安全。在未来,随着市场环境的变化和技术的进步,公司还应不断优化和完善这一机制,以适应新的挑战和机遇。

(九)加强与社会各界的沟通与合作

在社会各界的沟通与合作中,我们应当积极寻求增强社会对社会保险基金管理的理解和信任的机会。这不仅有助于保障公众的权益,也有利于社会保险基金的合理使用和有效管理。为了实现这一目标,我们需要采取一系列切实可行的措施。通过多种渠道宣传社会保险知识,让公众了解社会保险的重要性和运作方式。这不仅可以增强公众的参保意识,也能让他们在面临社保问题时,能够做出明智的决策。宣传活动可以通过社区活动、网络平台、电视广告等多种形式进行,确保覆盖社会的各个角落。加强与社会各界的合作,包括政府、企业、社会组织等。这些机构在社会保险管理中扮演着重要的角色,他们的理解和支持对于社保基金管理的有效实施至关重要。通过合作,我们可以共同推动社保政策的普及和实施,增强公众对社保制度的信任。此外,建立有效的反馈机制,及时收集和反馈公众对社保管理的意见和建议。这不仅可以了解公众的需求和疑虑,也可以帮助我们发现和解决社保管理中的问题。反馈机制可以通过问卷调查、在线论坛、社区会议等方式进行,确保信息的真实性和有效性。

加强与社会各界的沟通与合作,增强社会对社会保险基金管理的理解和信任,是我们当前面临的重要任务。通过宣传社会保险知识,增强公众参保意识,提高公众自我保护能力,加强与社会各界的合作,我们可以共同推动社保制度的健康发展,实现社会的公平和正义。

在未来的工作中,不断探索和创新,寻找更有效的方法和手段,提高社保管理的效率和效果。我们相信,只有社会各界共同努力,我们才能真正实现社会保险基金管理的公正、透明和有效。

第八章　数字技术与财政税收信息化发展

第一节　数字技术对财政税收的影响和变革

一、数字技术对财政税收的影响

(一)税收征管效率提升

随着数字技术的不断发展,特别是大数据、人工智能等先进技术的应用,税务部门在税收征管方面取得了显著的进步。这些技术的应用,使得税务部门能够更快速、准确地收集、处理和存储各类涉税信息,极大地提高了税收征管的效率。首先,大数据技术的应用为税务部门提供了强大的数据收集和分析能力。以前,税务部门只能依靠人工收集和处理数据,不仅效率低下,而且容易出错。而现在,大数据技术可以通过网络爬虫、数据挖掘等技术手段,自动从各种渠道收集数据,并且能够快速、准确地进行分析和处理,为税务部门提供了丰富的数据资源。其次,人工智能技术的应用为税务部门提供了智能化的数据处理和识别能力。以前,税务部门需要人工对数据进行筛选、分类和识别,不仅工作量大,而且容易漏掉一些重要信息。而现在,人工智能技术可以通过机器学习、深度学习等技术手段,自动对数据进行处理和识别,不仅可以减少人工干预,而且能够提高识别的准确性和效率。最后,这些技术的应用还为税务部门提供了更安全、更可靠的数据存储和管理能力。以前,税务部门的数据存储和管理可能存在安全风险和数据泄露问题。而现在,大数据和人工智能技术可以通过加密、备份等技术手段,确保数据的安全性和可靠性,为税务部门提供了更好的数据保障。

(二)税收政策制定更加科学

通过数字技术,税务部门可以对海量的涉税数据进行深入的挖掘和分析。

这意味着,税务部门能够更全面地了解纳税人的行为和经营状况。这不仅有助于更好地监管纳税人的税收行为,还能为政策制定提供更加科学、准确的依据。数字技术为税务部门提供了一种强大的工具,可以帮助其更深入地了解纳税人的行为。通过分析大量的涉税数据,税务部门可以发现一些隐藏的模式和趋势,从而更好地理解纳税人的经营状况和税收行为。这些信息对于制定有针对性的税收政策至关重要,可以帮助税务部门更好地管理税收收入,同时确保税收公平和透明。此外,数字技术还可以帮助税务部门提高工作效率和质量。通过自动化和智能化的数据处理和分析工具,税务部门可以更快地获取和分析数据,从而更早地发现潜在的问题和风险。这不仅可以减少人工干预和错误,还可以提高税务部门的决策效率和准确率。

(三)纳税服务优化

随着数字技术的不断发展,它已经为纳税人提供了更加便捷、个性化的服务体验。如今,纳税人可以通过电子税务局、移动办税 APP 等途径,轻松办理各类涉税事务,无须再像过去那样亲自前往税务部门,大大节省了时间和精力。电子税务局的出现,不仅简化了纳税流程,还大大提高了办事效率。纳税人可以通过网络平台随时随地办理业务,无须排队等待,无须填写烦琐的纸质表格,只需轻轻一点或输入,即可完成各类涉税事务的办理。此外,移动办税 APP 也为纳税人提供了更加便捷的服务体验。它不仅提供了丰富的办税功能,还支持多种终端设备,让纳税人随时随地轻松办理各类涉税事务。数字技术的发展不仅为纳税人带来了便利,也为税务部门提供了更加高效、智能的管理方式。税务部门可以通过大数据分析等技术手段,更加精准地掌握纳税人的涉税需求和行为,从而提供更加个性化的服务。同时,数字技术还可以帮助税务部门提高工作效率,减少人力成本,更好地服务于纳税人和社会。因此,数字技术已经成为现代税收管理的重要手段之一,它将为纳税人带来更加便捷、个性化的服务体验,也为税务部门带来更多的发展机遇。

(四)税务监管智能化

数字技术为税务部门带来了智能化监管的新契机。通过实时监控和分析涉税数据,税务部门能够及时发现和防范潜在的税收风险,从而确保税收的公平、公正和透明。数字技术以其强大的数据处理能力和智能化分析技术,能够迅速捕捉到各种涉税数据的细微变化,从而及时发现潜在的税收风险。这些风险可能来自企业的财务状况、经营行为、交易模式等多个方面,如果不能及时发现和处理,可能会对税收造成重大影响。数字技术的智能化监管不仅提高了税务部门的工作效率,也提升了监管的精准度和及时性。通过大数据和人工智能等技术的应用,税务部门能够更好地了解企业的经营状况和税收行为,从而制定出更加科学、合理的税收政策,进一步优化税收环境。此外,数字技术还可以帮助税务部门与其他相关部门进行数据共享和协作,共同打击税收违法行为,维护税收秩序和社会公平。因此,数字技术在税务部门智能化监管中的应用,不仅有助于提高税收管理的效率和水平,也有助于推动整个社会的公平、公正和透明。

(五)跨境税收征管合作加强

随着数字技术的不断发展,跨境税收征管合作也迎来了新的契机。这种技术不仅使税务部门的工作变得更加便捷,还大大提高了工作效率,使得打击跨境避税行为变得更加有效。首先,数字技术为税务部门提供了强大的数据收集和分析工具。以往,税务部门需要耗费大量时间和精力手动收集和处理各国税收信息,而现在,通过数字技术,税务部门可以轻松获取全球范围内的税收数据,并利用大数据分析技术进行深度挖掘和比对,从而发现跨境避税行为。其次,数字技术还为税务部门提供了更加智能化的税收征管工具。税务部门可以利用数字技术建立智能化的税收征管系统,通过机器学习和人工智能技术对税收数据进行自动分析和预警,及时发现和解决潜在的税收问题。这不仅提高了税务部门的监管效率,还降低了人为干预和错误的可能性。此外,数字技术的发展还为税务部门与其他相关部门之间的合作提供了更加便捷的渠道。税务部门可以与其他国家或地区的税务机构建立数字合作平台,实现信息共享和协同监管,共同打击跨境避税行为,维护税收公平和社会公平。

二、数字技术对财政税收的变革

(一)税收征管方式的变革

随着数字技术的不断发展,传统的税收征管方式已经无法满足现代社会的需求。因此,税收征管逐渐向电子化、自动化方向发展,数字技术的应用为税收征管带来了巨大的变革。首先,电子申报的推广使得纳税人可以更加便捷地提交申报表,无须再耗费大量时间和精力去填写纸质申报单。同时,电子申报也大大减少了人为错误和遗漏的可能性,提高了申报的准确性和效率。此外,电子申报还可以实现实时申报和反馈,使税务机关能够及时了解纳税人的财务状况,从而更好地进行税收征管。其次,电子缴税的普及使得纳税人可以更加方便快捷地完成缴税过程。纳税人可以通过电子银行、网上银行等渠道进行缴税,无须前往税务局或银行柜台办理。这种便捷的缴税方式不仅节省了纳税人的时间和精力,还减少了因现金交易带来的风险和安全隐患。此外,电子凭证的推广也大大简化了税收征管的流程。传统的纸质凭证需要人工录入和整理,不仅耗时耗力,还容易出错。而电子凭证则可以通过扫描或拍照等方式进行数字化处理,方便快捷地实现信息的传递和共享。这些电子化、自动化的手段不仅提高了税收征管的效率,还为税务机关提供了更加准确和实时的数据支持。税务机关可以通过大数据分析等技术手段,更好地了解纳税人的财务状况和税收情况,从而制定更加科学合理的税收政策和管理措施。数字技术的应用为税收征管带来了巨大的变革和便利。未来,随着数字技术的不断发展和应用,税收征管将会更加智能化、自动化和高效化。同时,税务机关也需要不断加强信息化建设,提高税收征管人员的素质和能力,以适应数字化时代的发展需求。

(二)税收政策的调整和完善

随着数字经济的快速发展,其带来的商业模式和交易方式的变革已经对传统的税收政策提出了挑战。传统的税收政策主要基于实体交易和物理资产,然而,数字经济的出现使得交易的形式和范围发生了深刻变化。首先,数字经济中的许多交易都是无形资产,如数据、信息、知识等,这些资产的价值和流动性与传统意义上的实物资产存在很大差异。传统的税收政策对这些无形资产的价值评估和征税方式缺乏有效的手段。其次,数字经济中的交易往往跨越多个地域和国界,这使得税收管辖权的确定变得复杂。传统的税收政策在处理跨境交易时往往存在漏洞,无法有效地防止偷税、漏税等现象的发生。此外,数字经济的发展也带来了许多新的商业模式,如电子商务、互联网金融、共享经济等,这些新的商业模式对税收政策提出了更高的要求。传统的税收政策在这些新兴领域中往往无法提供有效的税收制度支持。因此,为了适应数字经济发展的需要,税收政策需要进行相应的调整和完善。首先,需要建立适应数字经济特点的税收制度,包括对无形资产的征税方式、跨境交易的税收管辖权等问题进行明确规定。其次,需要加强对新兴领域的税收政策研究,为新兴领域的发展提供有效的税收制度支持。

(三)税务监管的加强

随着数字技术的不断进步,税务部门正在经历一场翻天覆地的变革。在过去的传统模式下,税务部门只能依靠有限的纸质凭证和人工审核来掌握纳税人的涉税信息,监管力度相对有限。然而,现在,这一切正在发生改变。数字技术的广泛应用,使得税务部门能够更全面地掌握纳税人的涉税信息。通过大数据和人工智能等先进技术,税务部门可以实时收集、分析和处理大量的纳税人数据,包括但不限于纳税申报、财务报表、交易记录等。这种全面的信息掌握,不仅加大了税务部门对纳税人的监管力度,而且有助于发现和防范潜在的税收风险。数字技术不仅提升了税务部门对税收风险的识别能力,而且提高了监管的效率和准确率。以往,税务部门可能需要花费大量的人力和时间来审核纳税申报,而现在,通过自动化和智能化的系统,这一过程可以大大简化。系统能够自动识别和标记可能存在问题的数据,减少了人为错误和疏漏,使得监管工作更加精准和高效。此外,数字技术也为税务部门提供了新的工具和方法,以应对日益复杂的税收环境和不断变化的税收法规。通过数据挖掘和分析,税务部门可以更好地理解纳税人的行为模式和趋势,从而制定出更加精准和有效的监管策略。

(四)跨境税收合作的推进

随着数字技术的不断发展,跨境税收合作变得更加便捷和高效。数字技术为税务部门提供了一种全新的方式,以实现跨国信息共享和税收情报交换,从而加强了对跨境税收的监管和管理,进一步推动了跨境税收合作的进程。首先,数字技术为税务部门提供了一个强大的信息共享平台。通过使用大数据、人工智能等先进技术,税务部门可以实时收集、分析和处理来自不同国家的税收数据,以便更好地了解跨境税收的实际情况。这种信息共享不仅有助于税务部门及时发现潜在的税收违规行为,还可以为各国政府提供更有针对性的税收政策建议。其次,数字技术还为税务部门提供了更高效的税收情报交换机制。传统的情报交换过程通常需要耗费大量的人力和时间,而且容易出错。而现在,税务部门可以通过数字系统实现自动化交换,大大提高了情报交换的效率和质量。这不仅减少了情报交换过程中的错误和遗漏,还为各国政府提供了更准确、及时的税收情报,从而有助于制定更有效的税收政策。此外,数字技术还为跨境税收合作提供了更多的可能性。例如,区块链技术可以确保跨境税收数据的真实性和完整性,从而提高了税收数据的可信度。数字货币的使用也为跨境税收合作带来了新的机遇。随着数字货币的普及,各国政府可以通过监测数字货币的交易情况,更好地了解跨境资金的流动情况,从而加强对跨境税收的监管和管理。数字技术的发展为跨境税收合作带来了巨大的便利和效率。这不仅有助于各国政府更好地管理税收收入,还可以促进全球经济一体化的进程。然而,数字技术的发展也带来了一些挑战,如数据安全和隐私保护等问题。因此,税务部门需要不断加强技术研发和人才培养,以应对这些挑战,确保数字技术在跨境税收合作中的安全和有效应用。

(五)纳税服务的优化

数字技术的应用为纳税人提供了更加便捷、高效的纳税服务,这一变革无疑为税务部门的工作带来了巨大的便利。纳税人可以通过电子税务局、移动办税 APP 等途径,轻松地办理各类涉税事务,无须再像过去那样在税务窗口排长队、耗时费力。这些数字化工具的应用,不仅简化了纳税流程,还大大提高了办事效率,节省了纳税人的时间和精力。数字技术的应用不仅限于线上办理,它还推动了税务服务的智能化和个性化。例如,系统可以根据纳税人的行业、收入、年龄等因素,为其推荐合适的税收政策,提供个性化的纳税咨询和指导。这种智能化、个性化的纳税服务,不仅提高了服务质量,还提升了纳税人的满意度和忠诚度。此外,数字技术的应用也为税务部门的数据管理带来了革命性的变化。以往,税务部门需要耗费大量的人力和时间进行数据整理、分析和报告。而现在,通过数字化工具,税务部门可以轻松实现对数据的高效管理、分析和利用,为决策提供更加准确、及时的数据支持。这种数据驱动的决策模式,不仅提高了决策的效率和准确率,还为税务部门的工作带来了更多的创新和可能性。然而,数字技术的应用也带来了一些挑战和问题。例如,数据安全和隐私保护问题、技术故障和维护问题等。税务部门需要加强技术投入和管理,确保数字技术的稳定运行和数据的安全可靠。同时,税务部门还需要加强与纳税人的沟通和协作,及时解决他们在使用数字化服务过程中遇到的问题和困难。数字技术的应用为纳税人提供了更加便捷、高效的纳税服务,提高了纳税服务的质量和效率。这不仅有利于提高纳税人的满意度和忠诚度,还为税务部门的工作带来了更多的创新和可能性。未来,随着数字技术的不断发展,我们有理由相信,纳税服务将会更加智能化、个性化,为纳税人带来更加优质、高效的服务体验。

(六)税务信息化的普及

随着数字技术的不断发展,税务信息化已经成为一个不可逆转的趋势。数字技术的普及,不仅使得税务部门可以更加高效地处理涉税信息,提高了工作效率和准确率,也为纳税人提供了更加便利和满意的纳税服务。

首先,数字技术为税务部门提供了强大的数据处理和分析能力。通过使用大数据、人工智能等技术,税务部门可以更加准确地识别和分类涉税信息,从而提高了税务处理的效率和准确率。此外,数字技术还可以帮助税务部门及时发现和处理潜在的税收问题,减少了税收流失的风险。这些优势使得税务信息化成为税务部门不可或缺的工具,有助于提高税务部门的治理能力和公信力。其次,税务信息化也方便了纳税人进行涉税操作。数字技术的应用,使得纳税人可以通过网络和移动设备轻松地完成纳税申报、税款缴纳、退税申请等操作。这种便利性不仅节省了纳税人的时间和精力,也降低了纳税人的成本。此外,数字技术还为纳税人提供了更加个性化的服务,例如在线咨询、远程协助等,这些服务有助于提高纳税人的满意度和忠诚度。然而,数字技术在税务信息化中的应用也面临着一些挑战和风险。例如,数据安全和隐私保护问题、技术更新和维护问题等。同时,税务部门也需要加强对数字技术的投入和管理,确保数字技术在税务信息化中的应用能够得到有效维护和升级。

数字技术的普及为税务信息化带来了巨大的机遇和挑战。税务部门需要积极应对这些挑战,充分利用数字技术的优势,提高工作效率和准确率,为纳税人提供更加便利和满意的纳税服务。

第二节　"互联网+"时代下的税务信息化建设与创新应用

一、"互联网+"时代下的税务信息化建设

(一)加强信息基础设施建设

为了建立一个稳定、高效的信息传输和处理系统,我们需要确保涉税信息的及时采集、传输和存储。在这个过程中,我们需要考虑以下几个方面:建立一个高效的数据采集系统,以便能够及时获取各种涉税信息。这包括从各种来源收集数据,如税务机关、银行、企业等,确保数据的完整性和准确性。同时,建立一套数据清洗和验证机制,以确保数据的准确性和可靠性。建立一个高效的信息传输和处理系统,以便能够将数据从采集系统传输到处理系统,并确保数据的及时性和完整性。这需要我们使用先进的网络技术和通信协议,以确保数据传输的稳定性和安全性。确保涉税信息的存储和管理。我们需要建立一套安全的数据存储和管理机制,以确保数据的安全性和保密性。这需要我们使用先进的加密技术和安全协议,以确保数据不会被未经授权的人员访问或泄露。除了上述方面,还要加强网络安全保障措施。我们需要建立一套全面的网络安全体系,包括防火墙、入侵检测和防御系统、病毒防护系统等,以确保税收信息的安全和保密。同时,定期进行网络安全检查和风险评估,以确保网络安全体系能够适应不断变化的安全威胁。建立一个稳定、高效的信息传输和处理系统以及加强网络安全保障措施是确保税收信息的安全和保密的关键。我们需要全面考虑上述几方面,以确保税收信息管理工作能够顺利进行。

(二)推进数据共享和交换

为了提高税收征管的效率和准确性,加强税务部门与其他部门、企业和社会组织的数据共享和交换是至关重要的。首先,税务部门需要与其他部门建立紧密的合作关系,共同推进税收征管工作。这些部门包括但不限于公安、司法、银行、工商、社保等,它们掌握着与税收征管相关的关键信息,通过数据共享和交换,税务部门可以更全面地了解纳税人的情况,从而制定更加精准的税

收政策和管理措施。其次,税务部门需要积极与企业和社会组织进行数据共享和交换。企业和社会组织在生产经营过程中会产生大量的数据,这些数据中可能包含着与税收征管相关的信息。通过与这些企业和社会组织建立数据共享机制,税务部门可以获取更多的信息,从而更好地了解市场动态和行业趋势,为制定更加科学合理的税收政策提供有力支持。此外,税务部门还需要加强对数据共享和交换的管理和监督,确保数据的安全性和保密性。在数据共享和交换过程中,可能会涉及大量的敏感信息和商业机密,因此必须加强对数据的管理和保护,确保数据不被泄露或滥用。同时,税务部门还需要建立健全的监督机制,对数据共享和交换过程进行监督和管理,确保数据的真实性和准确性。

(三)优化电子税务局功能

为了进一步完善电子税务局的功能,我们需要从多个方面入手,包括增强系统的稳定性和提升用户体验。具体来说,我们可以从以下几个方面进行优化:第一,优化网上报税的功能。目前,网上报税已经成为纳税人办理税务事务的主要方式之一,因此我们需要不断优化网上报税的流程,简化操作步骤,提高报税的准确性和效率。同时,加强网上报税的安全性,确保纳税人的信息安全。第二,进一步完善电子凭证的功能。电子凭证是电子税务局的重要组成部分之一,它可以帮助纳税人更加便捷地获取税务凭证。我们需要不断优化电子凭证的生成、传输和存储流程,确保电子凭证的真实性和可靠性。同时,加强电子凭证的安全性,防止电子凭证被篡改或泄漏。第三,提高缴税的功能。缴税是纳税人办理税务事务的重要环节之一,因此我们需要不断优化缴税的流程,简化缴税手续,提高缴税的效率。同时,加强缴税的安全性,确保纳税人的资金安全。除了以上几个方面,我们还可以从其他方面入手,例如加强电子税务局的宣传和推广工作,提高纳税人对电子税务局的认知度和使用率。同时,不断收集和分析用户反馈,及时解决用户在使用过程中遇到的问题和困难,提高用户满意度。

(四)提升数据分析应用能力

在当今数字化时代,大数据和云计算技术已经成为各行各业不可或缺的工具。对于税务部门来说,利用这些技术手段对涉税数据进行深度挖掘和分析,可以为税收政策的制定、税收征管和纳税服务提供科学依据,从而更好地满足社会经济发展的需求。首先,大数据技术可以帮助税务部门获取更多的涉税数据,包括企业的财务数据、交易数据、发票数据等,从而更全面地了解纳税人的经营状况和税收负担情况。通过对这些数据的分析,税务部门可以更准确地评估纳税人的税收遵从度和税收风险,为制定更加精准的税收政策提供依据。其次,云计算技术可以提高税务部门的数据处理和分析能力。通过云计算平台,税务部门可以将大量数据存储在云端,并利用分布式计算和人工智能等技术手段,对数据进行快速处理和分析。这不仅可以提高数据处理效率,还可以减少数据存储和处理的成本,提高税务部门的信息化水平。最后,通过深度挖掘和分析涉税数据,税务部门可以为纳税服务提供更加科学、精准的支持。例如,税务部门可以利用大数据技术分析纳税人的税收遵从度和税收风险,为纳税人提供个性化的纳税服务方案,帮助纳税人更好地了解自己的税收状况,提高纳税遵从度。同时,税务部门还可以利用云计算技术为纳税人提供在线申报、电子发票等便捷的纳税服务方式,提高纳税效率和质量。

(五)加强人才队伍建设

为了适应现代社会的发展,培养和引进具备信息技术和税务知识的复合型人才是至关重要的。这些人才不仅需要具备扎实的计算机技术基础,还需要掌握税务知识,以便更好地理解和处理税务问题。认识到信息技术在现代税务工作中的重要性。随着税收制度的不断改革和完善,税务部门需要利用信息技术来提高工作效率和准确性。因此,培养和引进具备信息技术知识的人才,可以帮助税务部门更好地利用现代技术手段,提高税务工作的质量和效率。其次,税务部门还需要引进具备税务知识的人才。这些人才不仅需要了解税收法规和政策,还需要掌握相关的税务处理技能。通过引进这些人才,税务部门可以更好地应对各种复杂的税收问题,提高税务处理的准确率和效率。为了实现这一目标,税务部门需要制订科学合理的培训计划,以提高税务人员的信息化素质和技能水平。这些培训计划应该包括计算机技术、税收法规、税收政策等方面的培训内容,以便让税务人员更好地掌握信息技术和税务知识,提高他们的综合素质和能力水平。此外,税务部门还可以通过引进外部专家、开展合作项目等方式,加强与相关企业和机构的合作,共同培养和引进具备信息技术和税务知识的复合型人才。通过这种方式,税务部门可以更好地利用外部资源,提高人才培养和引进的效率和质量。

二、"互联网+"时代下税务信息化的创新应用

(一)移动办税

随着移动互联网技术的飞速发展,纳税人的办税方式也发生了翻天覆地的变化。通过手机 APP,纳税人可以随时随地处理涉税事务,不再受时间和地点的限制。这无疑大大增强了办税的便利性,使得纳税人能够更加轻松、便捷地处理各项税务事宜。具体来说,纳税人只需下载并安装相应的手机 APP,即可轻松完成纳税申报。无论是常规的税款缴纳,还是特殊情况下需要申请的税收优惠,都可以通过手机 APP 轻松完成。此外,纳税人还可以通过该 APP 查询自己的缴税记录,了解自己的纳税情况,确保自己的合法权益不受侵犯。这种新型的办税方式不仅方便快捷,而且大大提高了效率。与传统的现场办理相比,利用移动互联网技术可以节省大量的时间和精力。同时,纳税人也不必再担心因为路途遥远而耽误了办理时间,从而提高了整个社会的税收管理效率。当然,这种新型的办税方式也对税务部门提出了更高的要求。税务部门需要不断更新和完善手机 APP 的功能和内容,以满足纳税人的不断增长的需求。同时,也需要加强对手机 APP 的安全管理,确保纳税人的信息安全和隐私不受侵犯。

(二)大数据分析

通过运用大数据技术,我们对涉税数据进行了深度挖掘和分析,发现了一些之前未曾注意到的税收征管的薄弱环节。这些薄弱环节可能成为未来税收征管工作的重点,需要我们加强监管和改进。同时,通过对大量数据的分析,我们也能够更准确地预测税收收入的趋势,为税收政策的制定和调整提供科学依据。在过去的几年中,大数据技术已经成为税收征管领域的重要工具。它不仅能够帮助我们更全面地了解税收征管的情况,还能够通过数据挖掘和分析,发现一些隐藏的问题和趋势。这些发现不仅有助于我们更好地应对未来的挑战,还能够为税收政策的制定和调整提供科学依据。通过大数据技术,我们能够更深入地了解涉税数据的内在规律和趋势,从而更好地预测未来的税收收入。这不仅能够帮助我们制定更加科学的税收政策,还能够提高税收

征管的效率和质量。在未来,我们相信大数据技术将在税收征管领域发挥更加重要的作用,为税收工作带来更多的便利和效益。

(三)电子发票

推广电子发票是一项非常有意义的举措。通过实现发票的电子化管理和在线查验,我们可以大大降低税收征管的成本和难度。传统的纸质发票需要人工收集、整理和验证,不仅耗时耗力,而且容易出错。而电子发票则可以通过网络平台进行管理和查验,大大提高了工作效率。此外,电子发票还可以提高税收管理的效率和透明度。通过电子化的方式,税务部门可以实时掌握企业的发票开具和使用情况,及时发现和纠正不合规的行为。同时,电子发票还可以减少假发票的出现,提高税收的公平性和透明度。推广电子发票是一项非常有价值的举措,不仅可以提高税收征管的工作效率,降低成本和难度,还可以提高税收管理的透明度和公平性。相信在不久的将来,电子发票将会成为税收管理的主流方式之一。

(四)云服务平台

利用云计算技术,我们成功地建立了一个税务云服务平台。这个平台实现了涉税数据的集中存储和共享,为各级税务部门提供了强大的数据分析和应用服务。这一创新性的解决方案不仅提高了数据利用的效率,也大幅提升了数据应用的效益。首先,税务云服务平台将各级税务部门的数据集中存储在云端,这样不仅节省了大量的存储空间,也方便了数据的共享和管理。无论是数据的备份、恢复还是数据的共享,都变得非常便捷。其次,通过云计算技术,税务部门可以轻松地进行数据分析和应用服务。云计算强大的计算能力和数据处理能力,使得税务部门能够更快、更准确地处理和分析数据,从而更好地进行税收管理和决策。此外,税务云服务平台还提供了一系列的数据应用服务,如数据挖掘、数据可视化、数据分析报告等,这些服务可以帮助税务部门更好地理解数据、发现数据中的规律和趋势,从而更好地进行税收管理和决策。

(五)智能化监管

在当今数字化时代,人工智能和机器学习等先进技术已经深入渗透到各个领域,税务监管也不例外。这些先进技术的应用,无疑为税务监管注入了新的活力,使其更加智能化、自动化,极大地提高了监管的效率,有效防范和打击税收违法行为。首先,人工智能技术为税务监管提供了强大的数据处理和分析能力。通过海量税收数据的挖掘和整理,人工智能能够自动识别和筛选出可能存在问题的数据。这些数据可能包括异常的税收申报、不合理的税额变化等,这些异常数据将作为监管的重点,为监管人员提供更有针对性的监管方向。这一过程不仅节省了大量的人力和时间成本,而且大大提高了监管的精准度。此外,人工智能技术还能通过数据挖掘和分析,发现税收中的规律和趋势,为税务部门提供更加科学的决策依据。其次,机器学习技术在税务监管中的应用,使得系统能够不断自我学习和优化。机器学习通过对历史数据的分析和比对,能够发现税收中的异常行为,提前预警可能出现的税收违法行为。这样一来,税务监管部门就能及时采取措施,防止违法行为的发生。同时,机器学习技术还能对未来的税收行为进行预测,为税务部门提供更加精准的预测和预警。智能化和自动化的税务监管不仅提高了监管效率,还为公众提供了公开透明的税务监管信息公示。公众可以通过公示信息了解税收政策、纳税流程和税务监管情况,这无疑有助于增强公众的纳税自觉性。同时,公众对税务部门的信任和支持也会随之增强。此外,公开透明的税务监管信息公示还能增强公众对税收制度的认同感和信任感,进一步推动税收制度的完善和发展。

人工智能和机器学习等先进技术的应用,无疑为税务监管带来了巨大的变革。它们不仅提高了监管的效率和准确性,有效防范和打击了税收违法行为,还为公众提供了公开透明的税务监管信息公示,增强了公众的纳税自觉性和对税务部门的信任与支持。未来,随着技术的不断进步和应用范围的扩大,我们有理由相信,税务监管将会更加智能化、自动化,为构建公正、公平、高效的税收环境做出更大的贡献。

(六)云计算技术的应用

随着信息技术的不断发展,云计算技术已经成为现代社会中不可或缺的一部分。在税务领域,云计算技术的应用不仅可以实现税务数据的存储和备份,增强数据的安全性和可靠性,还可以提供更加灵活、高效的计算资源,满足税务部门不同场景的需求。

云计算技术为税务数据的存储和备份提供了强大的技术支持。传统的数据存储方式需要大量的硬件设备和机房空间，不仅成本高昂，数据的安全性也无法得到充分的保障。而云计算技术则可以通过云端存储的方式，将数据存储在远程的数据中心，用户只需要通过网络就可以随时随地访问数据。这种方式不仅可以节省大量的硬件成本，还可以增强数据的安全性和可靠性。因为云端存储的数据可以通过多副本容错、计算节点隔离、安全防护等措施来保证数据的安全性，即使某个节点或者整个数据中心出现故障，也不会影响其他节点的数据访问。

基于云计算的服务模式可以提供更加灵活、高效的计算资源，满足税务部门不同场景的需求。传统的计算资源分配方式需要税务部门自行购买和维护硬件设备，不仅成本高昂，而且资源利用率也不高。而云计算技术则可以通过按需租用的方式，提供各种计算资源，包括处理器、内存、存储空间、网络带宽等。税务部门可以根据自己的需求，随时租用所需的资源，还可以随时调整资源的数量，从而实现资源的灵活配置和高效利用。同时，云计算技术还可以提供各种应用服务，如数据库、邮件系统、办公自动化系统等，可以大大提高税务部门的办公效率。此外，云计算技术还可以实现税务数据的共享和协作。通过云计算技术构建的云服务平台，税务部门可以实现数据的共享和协作，不同部门之间可以随时随地访问和更新数据，从而提高工作效率，增强数据的一致性。同时，云服务平台还可以提供数据安全保护措施，如数据加密、身份认证等，保证数据的安全性和隐私性。

云计算技术在税务领域的应用具有非常重要的意义。它可以实现税务数据的存储和备份，增强数据的安全性和可靠性；提供更加灵活、高效的计算资源，满足税务部门不同场景的需求；实现税务数据的共享和协作，提高工作效率，增强数据的一致性。因此，我们应该积极推广云计算技术在税务领域的应用，促进税务信息化建设的发展。

（七）大数据技术的应用

随着大数据技术的不断发展，税务部门积累了大量的数据，这些数据不仅数量庞大，而且种类繁多，涵盖了纳税人的各种信息。通过大数据技术对这些数据的深入分析和挖掘，税务部门可以更好地为税收征管、税收决策和风险管理提供有力支持，从而更好地服务于纳税人和社会。

大数据技术可以对纳税人进行信用评估,为税务部门提供更加精准的管理和服务。传统的信用评估方法往往依赖于有限的财务数据和人工判断,而大数据技术则可以利用纳税人的各种信息,包括财务报表、交易记录、社交媒体行为等,进行全面、客观的信用评估。这样不仅可以提高评估的准确性和效率,还可以为税务部门提供更加精细化的管理和服务,例如针对不同信用等级的纳税人提供不同的税收政策和服务。

大数据技术可以帮助税务部门更好地掌握税收动态,提高税收征管的效率和质量。通过分析大数据,税务部门可以及时发现和掌握各种税收违规行为,从而采取有效的措施进行打击和处理。此外,大数据还可以帮助税务部门了解不同地区、不同行业的税收情况,为税收政策的制定和调整提供依据,从而更好地满足社会经济发展的需要。最后,大数据技术还可以为税务部门的决策提供支持。通过对大数据的分析和挖掘,税务部门可以了解纳税人的需求和偏好,从而制定更加科学、合理的税收政策和服务措施。同时,大数据还可以帮助税务部门发现潜在的税收增长点,为财政收入的增长提供支持。

大数据技术在税务部门的应用具有重要意义。通过深入分析和挖掘大量的数据,税务部门可以提高税收征管的效率和质量,为纳税人提供更加精细化的管理和服务,也为财政收入的增加和社会经济的发展做出更大的贡献。未来,随着大数据技术的不断发展,税务部门应该进一步加强数据管理和应用,提高数据质量和分析能力,为税收征管和风险管理提供更加有力的支持。

(八)人工智能技术的应用

随着科技的不断发展,人工智能技术已经深入各个领域,其中包括税务稽查和税收预测等领域。首先,人工智能技术可以对税收数据进行智能分析。通过对大量的税收数据进行分析,人工智能技术可以自动识别异常数据,从而及时发现潜在的风险点。这种智能分析不仅可以大大减少税务稽查人员的工作量,还可以提高工作效率。其次,人工智能技术还可以应用于税收预测。通过对历史税收数据的分析,人工智能技术可以预测未来的税收趋势,为税务部门提供决策依据。这种预测可以帮助税务部门更好地规划税收政策,提高税收征收的效率。除此之外,人工智能技术还可以应用于税务稽查的其他方面。例如,可以利用人工智能技术对纳税人的行为进行分析,发现潜在的偷税、漏税行为。同时,人工智能技术还可以对纳税人的信用等级进行评估,为税务部门提供决策依据。人工智能技术在税务稽查和税收预测等领域的应用具有重要意义。未来,随着人工智能技术的不断发展,其在税务领域的应用将会更加广泛和深入。然而,我们也需要注意到,人工智能技术的应用也带来了一些新的挑战和问题。例如,如何保护纳税人的隐私权,如何确保人工智能技术的公正性和透明性等问题。因此,在推广和应用人工智能技术时,我们需要充分考虑这些问题,并采取相应的措施加以解决。

(九)移动互联网技术的应用

随着移动互联网技术的普及,纳税服务也得到了极大的提升,变得更加便捷和高效。通过手机 APP,纳税人可以轻松地进行在线申报、缴税和查询等操作,极大地提高了纳税服务的便利性和及时性。首先,在线申报功能为纳税人提供了极大的便利。以往,纳税人需要亲自前往税务部门进行申报,不仅耗时耗力,还可能因为排队等待而耽误时间。而现在,纳税人只需在手机上下载并安装税务部门的手机 APP,就可以随时随地进行申报。这不仅节省了大量的时间和精力,还避免了交通拥堵和排队等待的烦恼。其次,缴税功能也得到了极大的改善。以往,纳税人需要前往银行或柜台进行缴税,不仅过程烦琐,还可能因为排队等待而耽误时间。而现在,纳税人只需在手机上完成申报后,税务部门就会自动进行扣款,无须纳税人亲自前往银行或柜台进行缴税。这不仅减少了烦琐的手续和等待时间,还提高了缴税的效率。最后,查询功能也是移动互联网技术带来的重要改变。以往,纳税人需要前往税务部门或银行进行查询,不仅过程烦琐,还可能因为信息不对称而出现误差。而现在,纳税人只需在手机上随时随地查询自己的纳税信息,就可以了解自己的纳税情况,及时发现问题并解决问题。这不仅增强了纳税人的信任感和安全感,还提高了纳税服务的满意度。

通过移动互联网技术提供的便捷、高效的纳税服务,极大地增强了纳税服务的便利性和及时性。未来,随着移动互联网技术的不断发展和完善,纳税服务将会更加智能化、个性化、便捷化,为纳税人提供更加优质、高效的服务体验。同时,移动互联网技术的发展也将推动税务部门与纳税人之间的互动和沟通,促进税务部门与纳税人之间的合作和共赢。在移动互联网技术的支持下,税务部门可以通过手机 APP 与纳税人进行实时互动和沟通,了解纳税人的需求和反馈,及时调整和优化纳税服务。同时,纳税人也可以通过手机 APP

向税务部门提出意见和建议,促进税务部门不断改进和完善服务。这种互动和沟通的方式不仅可以提高纳税服务的效率和质量,还可以增强税务部门和纳税人之间的信任感和合作意愿。

此外,移动互联网技术还可以为税务部门提供更加精准的数据分析和决策支持。通过大数据和人工智能等技术手段,税务部门可以更加全面地了解纳税人的纳税情况和税收政策执行情况,为制定更加科学、合理的税收政策提供依据。同时,移动互联网技术还可以帮助税务部门更好地宣传税收政策、普及税收知识,增强纳税人的税收意识和遵从度。

(十)区块链技术的应用

随着区块链技术的快速发展,其在税收征管领域的应用逐渐引起了人们的关注。区块链技术以其独特的透明度和可信度,为税收征管带来了诸多优势,包括提高透明度,减少税收风险,以及防止漏税行为的发生。首先,区块链技术的核心特性之一就是其去中心化的特性。在传统的税收征管体系中,税务机关往往扮演着中心化角色的同时,也承担着巨大的风险。而区块链技术的应用,可以将税务数据分布存储在各个节点上,使得数据的共享和验证成为可能。这意味着,任何人都无法单独篡改或删除数据,从而大大提高了数据的可信度。其次,区块链技术的不可篡改性也使得税务数据的真实性和完整性得到了保障。一旦数据被写入区块链,就无法被轻易修改。这不仅降低了税务机关的工作压力,也使得税务数据的真实性得到了保障,从而减少了税收风险。此外,区块链技术还可以通过智能合约实现自动化的税务处理。例如,当纳税人完成交易后,智能合约可以根据预设的规则自动计算税款并发送给纳税人。这种自动化处理方式不仅提高了效率,也减少了人为错误的可能性。然而,尽管区块链技术在税收征管中具有诸多优势,但其在实际应用中仍面临一些挑战。例如,如何确保所有参与者的合规性,如何保证数据的安全性,以及如何处理大量的数据等。因此,我们需要进一步研究和探索,以更好地利用区块链技术提高税收征管的效率和透明度。

区块链技术在税收征管中的应用前景广阔。通过进一步的研究和探索,我们期待看到区块链技术为税收征管带来的更多创新和改变。

参考文献

[1] 包健. 创新驱动发展战略下我国科技税收政策分析[J]. 税务研究,2019(10):48-52.

[2] 陈洋林,储德银,张长全. 战略性新兴产业财政补贴的激励效应研究[J]. 财经论丛,2019(5):33-41.

[3] 程跃,段钰. 财政补贴政策对企业创新绩效的影响研究:基于资源获取能力的实证思考[J]. 工业技术经济,2022,41(7):104-112.

[4] 丁方飞,谢昊翔. 财税政策能激励企业的高质量创新:来自创业板上市公司的证据[J]. 财经理论与实践,2021,42(4):74-81.

[5] 董黎明,邵军,王悦. 税收优惠对信息通信业企业研发投入的影响效应研究:基于流转税和所得税视角的比较[J]. 税务研究,2020(9):126-131.

[6] 甘小武,曹国庆. 研发费用加计扣除政策对高新技术企业研发投入的影响分析[J]. 税务研究,2020(10):100-106

[7] 李明珊,姜竹秋. 战略性新兴产业中政府补贴对企业技术效率的影响:以新能源产业为例[J]. 软科学,2022(11):1-12.

[8] 李诗怡. 财税政策对企业研发投入与创新产出的影响研究[D]. 上海:上海财经大学,2021.

[9] 李为人,陈燕清. 激励企业自主创新税收优惠政策的优化探析[J]. 税务研究,2019(10):40-44.

[10] 李远慧,徐一鸣. 税收优惠对先进制造业企业创新水平的影响[J]. 税务研究,2021(5):31-39.

[11] 梁富山. 加计扣除税收优惠对企业研发投入的异质性效应研究[J]. 税务研究,2021(3):134-143.

[12] 梁洁. 促进新能源产业发展的财税政策研究[D]. 北京:中国财政科学研究院,2020.

[13] 刘乐淋,杨毅柏. 宏观税负、研发补贴与创新驱动的长期经济增长[J].

经济研究,2021,56(5):40-57.

[14]安树伟,张双悦.黄河"几"字弯区域高质量发展研究[J].山西大学学报（哲学社会科学版）,2021,44(2):134-144.

[15]储德银,费昌盛,黄暄.地方政府竞争、税收努力与经济高质量发展[J].财政研究,2020(8):55-69.

[16]崔晨涛,赵曼,王爱娟,崔玉亮,陈曙光.支持黄河流域生态保护和高质量发展的财税政策研究:以黄河河南流域为例[J].财政监督,2021(9):68-78.

[17]崔耕瑞.新时代下税制结构安排与经济高质量发展:来自中国分税制改革后的省际证据考察[J].经济体制改革,2021(4):187-194.

[18]戴子钧.税收规模与经济增长关系实证分析及政策研究[J].财政研究,2003(3):50-52.

[19]甘肃省财政厅课题组,周继军,强劲,崔民奇,何宏,钱茜,祁帜.黄河流域甘肃段生态保护和高质量发展对策研究[J].财会研究,2020(10):5-11.

[20]郭健,王静茹.经济高质量发展视角下健全地方税体系研究[J].理论学刊,2021(5):68-76.

[21]韩君,杜文豪,吴俊珺.黄河流域高质量发展水平测度研究[J].西安财经大学学报,2021,34(1):28-36.

[22]何兴邦.环境规制与中国经济增长质量:基于省际面板数据的实证分析[J].当代经济科学,2018,40(2):1-10+124.

[23]金碚.关于"高质量发展"的经济学研究[J].中国工业经济,2018(4):5-18.

[24]金春雨,董雪.我国税收政策对经济增长的非线性冲击效应:基于总量与结构双重视角[J].财政研究,2021(4):116-128.

[25]李浩民.新时代高质量发展框架再探讨:理论内涵、制度保障与实践路径[J].现代管理科学,2019(2):3-5.